SAGE UND SCHREIBE

Innen und Außen

Theologische und phänomenologische Analysen zur Religion

herausgegeben von

Wolf-Eckart Failing
und
Hans-Günter Heimbrock

Sage und Schreibe

Inszenierungen religiöser Lesekultur

Hermann Timm

CIP-GEGEVENS KONINKLIJKE BIBLIOTHEEK, DEN HAAG

Sage und Schreibe: Inszenierungen religöser Lesekultur / Hermann Timm
Kampen : Kok Pharos. – (Innen & Außen: 2)
ISBN 90-390-0211-8
NUGI 631

© 1995, Kok Pharos Publishing House, Kampen, The Netherlands
Cover design by Rob Lucas
ISBN 90-390-0211-8
NUGI 631

Wovon man nicht sprechen kann,
darüber muß man schreiben.

Vorwort / Vorschrift

Vorworte oder Prologe sind in Wahrheit Vorschriften oder Präskripte. Sie sagen vorweg, was der Autor dem Leser als erstes meint schreiben zu müssen: daß es vor ihm andere Leser und Hörer gab, deren Mitwirken das Buch zu danken hat. In meinem Fall waren es jüngere Kollegen und Studierende der evangelischen Theologie: Markus Buntfuß, Jörg Dittmar, Klaas Huizing, Tobias Müller, Marita Rödszus-Hecker, Christian Senkel, Gerd Theobald, Thomas Vogl und Katrin Wille. Akademische Bildungsprozesse gehen – wenn sie gut laufen – schnell ins Stadium des Gebens und Nehmens über.

München, im Februar 1995   Hermann Timm

Inhaltsverzeichnis

Einleitung: Grabmal des Buchstabens – Denkmal des Geistes   9

I   Gute-Nacht-Geschichte
Das Stirb und Werde der Buchreligion   15

II   Glauben und Schauen
Das Testament als Zwang zur Mündigkeit   23

III   Federtrieb
Von der mündlichen zur schriftlichen Theologie   31

IV   Literarischer Karfreitag
Die Leiden der göttlichen Autorschaft   37

V   Ich, Gottlieb Hiob, aus dem Lande Uz
Das Buch im Buch   45

VI   Weisheit
Die kanonische Entsockelung der Megatheologie   63

VII   Erfüllung
Von der Schwangerschaft des Alten Testaments   77

VIII   Vom Herrgott zum Vatergott
Maria depotenziert den schöpfertheologischen Absolutismus   83

IX   Bei Tisch
Jesus als Schöpfungsdichter   89

X   Die Prophetisierung der Schrift
Erlebter Jesus – erlesener Christus   95

XI   Das Geistige in der Skriptur
     Paulus entdeckt die Einheit der Schrift   105

XII Schriftfest – Festschrift
     Die Pfingstlichkeit kanonischer Lektüre   117

XIII Zwischen Kopierblitz und Götterfunken
     Textlichkeit, Buchlichkeit, Schriftlichkeit   131

Schluß: Ende des Buchzeitalters – Anfang des Schriftzeitalters   135

Einleitung:
Grabmal des Buchstabens –
Denkmal des Geistes

Unter den Themen, die zur Zeit die wissenschaftliche Szene beherrschen, steht der Komplex Schrift, Buch, Text, Skriptur obenan. Aus dem Für und Wider der Skripturalität ist ein Fokus der intellektuellen Zeitgenossenschaft geworden. Anlaß dazu geben vor allem die Innovationen im Bereich der Kommunikationstechnik: Fernsehen, Computer, EDV – künstliche Intelligenz. Geht das Buchzeitalter zu Ende? Wird Schriftbildung ein Statussymbol der Elite von gestern, mehr oder minder anachronistisch? Ihre Selbstverständlichkeit jedenfalls hat sie verloren und wird fragwürdig, würdig, nach Sinn und Zweck ihres Daseins befragt zu werden. Wie prägte sie das Gefühlsleben des Einzelnen bis hin zur nächtlichen Grammatik des Träumens? Und wie kodierte sie das Realitätsbild der Gesellschaft, vom ABC der Grundschule bis zum Festkalender rings ums Jahr? Haben wir uns von der Erblast der Bibliotheken zu emanzipieren, um in eine buchfreie Zukunft hinauszuziehen? Oder sollte im Gegenteil die Allpräsenz des TV – Agent der audiovisuellen Internationale – zum Rückzug in die Intimität des Lesewinkels motivieren? Wird Bibliophilie zur Überwinterung für den Geist in dürftiger Zeit?

1 Federtrieb – Triebfeder

Die Mediendebatte wird getragen von anthropologischen Reflexionen über die Differenz zwischen den Sprachformen Rede und Schrift (Oralität – Literalität). Das Redenkönnen, -wollen, -müssen ist uns nahezu selbstverständlich. Wir lautieren unsere Empfindungen, bringen Erkenntnisse zu Gehör, stimmen uns mit anderen ab, sagen Ja! und – wenn es sein muß – Nein! Die Rede ist des Menschen zweite Natur, so daß Aristoteles uns als redende Tiere definieren konnte: "zoon logon echon", "animal rationale", der Mensch – das Redeleben.

Anders steht es mit der Schriftsprache. Lesen- und Schreibenkönnen ist eine Kunst, die erst spät in der Geschichte erfunden wurde und auch heute nicht von allen praktiziert wird. Es gibt viele Artgenossen, die weiterhin ohne sie auskommen (Analphabetismus), so daß man Literalität nicht in gleicher Weise dem Wesen des Menschen zuschlagen darf. Sie ist fraglicher als die Redekunst. Wozu schreiben? Weshalb lesen?

Äußere, in der Daseinsvorsorge des Homo faber wurzelnde Gründe sind schnell zur Hand. Die Vergeßlichkeit etwa, welche mit dem Alter rapide zunimmt (mnemotechnisches Interesse), das begrenzte Speichervolumen des Gedächtnisses (Dokumentationsbedarf), oder die geringe Tragweite der Stimme, über die jeder hinausstrebt, der Allgemeingültiges glaubt sagen zu können (Globalkommunikation). Die Kodifizierung schafft Abhilfe. Sie erhöht das Sicherheitsgefühl des Subjekts (Ich habe es schriftlich!) und befreit seinen Aktionsradius von den Schranken der raumzeitlichen Individuation, läßt also Sterbliche sich selbst transzendieren in Richtung auf die Ewigkeit. Das sollte Grund genug sein, sich die Vorteile dieser Geistestechnik nicht entgehen zu lassen.

Erklärungen dieser pragmatischen Art kommen freilich nicht über die Empfehlung eines notwendigen Übels hinaus. Darum aber ist die heutige Schriftanthropologie bemüht. Sie versucht, unter Begriffen wie Schreibbewußtsein, Schreibsubjekt oder Schreibexistenz die Literalität ähnlich tief im Seinssinn des Menschen zu verankern, wie es seit Antike und Christentum mit dem Logos geschehen ist. Menschlichkeit = Buchmenschlichkeit? Homo sapiens = Homme de lettres? Homo sum – scriptor sum?

Die Frage ist neu. Sie rückt den Zusammenhang von Denken und Schreiben ins Zentrum der Fundamentalreflexion: Denkschrift – Schriftdenken. Denken der Schrift, im Doppelsinn des Wortes zu hören: die Schrift gibt zu denken, ist Ursprung, Generator, Subjekt des Denkens und wird gedacht, ist Objekt, wird erforscht, wird erkannt. SCHRIFTLICHES DENKEN wechselnd groß und klein geschrieben: schriftliches Denken – Schriftliches denken.

2 Buchreligion – Schriftreligion

Von der Medienproblematik sind auch die Religionen erfaßt worden – wie nicht anders zu erwarten. Schon ihr Name re-ligio sagt, daß sie von Rückbindungen an die Vergangenheit leben, so daß Veränderungen in der Tradierungstechnik für sie eo ipso Tradierungskrisen zur Folge haben. Der Seelennerv wird affiziert.

Im vorliegenden Fall trifft es besonders "Buchreligionen": sakrale Lesekulturen, die auf heiligen Schriften gründen, unterschieden von den "Naturreligionen" analphabetischer Stammesgemeinschaften oder von "Kultreligionen", deren Zentrum im gottesdienstlichen Ritus liegt. "Männer der Schrift" – wie Mohammed sie genannt hat – gewinnen ihr normatives Wirklichkeitsbild aus der Erinnerung von Quellentexten (Sakralkodex) und sind deshalb existentiell mit dem Schicksal des "Buchzeitalters" liiert. Ihre Identitätsfähigkeit hängt von der lektoralen Anamnese ab, wie man leicht an der Frage erkennt, was aus Buchreligionen werden soll, in denen nicht mehr gelesen wird. Sie müßten ihren Geist aufgeben. Lesekultur ist Erinnerungskultur par excellence.

Eine Buchreligion spezieller Art stellt das Christentum mit seinem Kanon namens Bibel dar: *die* Schrift schlechthin, als ob sie ein Unikum sei, die "Heilige Schrift", sprich: die Heilige unter den Schriften, hierarchisch abgehoben von den profanen Produkten des Printmediums. Nimmt man die Bezeichnung "Buch der Bücher" hinzu, wird auch der Unterschied von anderen Buchreligionen wie Judentum, Islam, Hinduismus, Buddhismus usw. hörbar. Der Plural meint zum einen die superlativische Selbstbewertung nach außen (Ich bin das beste aller Bücher!) und steht zum anderen für die innere Mannigfaltigkeit der Bibel selbst. Sie ist weniger ein Buch als eine Buchsammlung, ein Ensemble aus Dutzenden von Teilbüchern oder Buchteilen.

Das Ganze hat – um beim Auffälligsten zu bleiben – zwei Teile: einen größeren ersten (das in hebräischer Sprache geschriebene "Alte Testament") und einen kleineren zweiten (das griechische "Neue Testament"). Letzteres will nichts anderes als die "Erfüllung" des ersteren sein, wobei Erfüllung die Verschriftung der im "Wort" vollendeten Relektüre des Alten Testaments meint. Die Bibel ist also ein Buch aus Buch und Nichtbuch – nämlich sagbarer Buchlektüre, und eine Schrift aus Schrift und Antischrift – nämlich reflexiver Schrifterkenntnis "im Geist und in der Wahrheit".[1] Ihre Zwiegestalt versteht sich aus der Performation beider Sprachmodalitäten: Hörensagen im Dialog und Augenschein auf dem Papier. Um einen Unterscheidungsterminus zu haben, will ich deshalb das Christentum die Geist- oder Schriftreligion unter den Buchreligionen nennen. Geist ist die hermeneutische Kraft, welche aus Lesern des Buches Hörer der Schrift macht und dies auch literarisch zu dokumentieren vermag. Seine Triebfeder liegt im Federtrieb des Logos.

3 Solo verbo – sola scriptura

Die Zeiten, da man Schriftgemäßheit gegen Zeitgemäßheit ausspielen konnte, gehören – bis auf weiteres – der Vergangenheit an. Die Schrift ist selbst zum Spitzenthema zeitgenössischer Geisteswissenschaft geworden, angefangen von der Frühgeschichtsforschung, der Völkerkunde und der Ägyptologie bis hinauf zur Ästhetik, Hermeneutik und Philosophie. Ich profitiere davon, ohne auf eigene Wissenschaftlichkeit sonderlichen Anspruch zu erheben. Es soll mit Denkmitteln anderer Fakultäten der Nachholbedarf der eigenen, der theologischen Geisteswissenschaft in bezug auf die Skriptologie des Christentums abgearbeitet werden. Die Fragen sind altbekannt. Wie können sie neuschöpferisch vitalisiert werden?

---

1. Johannes 4,24.

Zuvorderst geht es um die Priorität von Sage oder Schreibe. Was soll obenan stehen, das Wort- oder Schriftprinzip? Verbalismus – Skripturalismus. Wer für den Vorrang der Rede plädiert, setzt auf die Gegenwart schaffende Lebendigkeit der Stimme. Wer sich für das Schriftbild entscheidet, hofft auf eine Zukunftsfähigkeit von eigener Hand (Manuskript). Was liegt also näher, als die Performanz selbst, das Hin-und-her-Übersetzen zwischen beiden Medien zum Gegenstand der Reflexion zu machen.

Zweitens ist da das Zueinander, Miteinander, Widereinander von Geist und Buchstabe, das Paulus auf die sprichwörtliche Formel gebracht hat: "Der Buchstabe tötet, sein Geist macht lebendig".[2] Ihn buchstabieren zu wollen, den Geist der Wahrheit, ist unmöglich und doch soll er – wenn überhaupt – nur aus der Schrift quellen. Wie geht eines widerspruchsfrei mit dem anderen zusammen? Grabmal des Buchstabens – Denkmal des Geistes? Niederlegung der Memoria – Auferweckung ihrer Lektion?

Und drittens die fragliche Vermittlung zwischen damals und heute: der "garstige breite Graben" zwischen den "zufälligen Geschichtswahrheiten" der Bibel und den "ewigen Vernunftwahrheiten" des Gottesglaubens (Lessing). Dieser Graben ist wirkungsgleich mit dem Richtungsstreit zwischen "dogmatischer Methode" und "historischer Methode" in der Theologie (Ernst Troeltsch). Jene macht aus der Schrift eine Allegorie für die "Gott" genannte Spekulation des absoluten Subjekts (ICH-Gott) – diese betrachtet sie als lückenhafte Dokumentierung von sozialen, psychischen und politischen Fakten der altorientalisch-hellenistischen Religionsgeschichte. Tertium datur? Gibt es eine Wahrnehmungsweise, die der Schrift selbst etwas zutraut, daß sie zwischen metaphysischem und historischem Faktizismus mit eigener Stimme spricht? Schriftautonomie? Auch darüber ist lange schon räsoniert worden. Heute stehen Instrumentarien bereit, das Problem mit neuem Elan anzugehen.

* * *

Um nicht bei lauter Fraglichkeiten stehenzubleiben, sei vorweg die Antwort avisiert. Sie heißt "beglaubigte Freiheit". Beglaubigen meint die Richtigkeit von Aussagen schriftlich bestätigen (Dokumentation), und frei ist, wer sich seinen Traditionen lebendig gegenüberzustellen vermag (Übersetzung). Verbunden wird beides durch die Mündigkeitserklärung im Vollzug der Testamentseröffnung. Das soll die Modellszene sein.

---

2. 2. Korinther 3,6.

Im Buch der Bücher wird der Akt zweifach vollzogen: alt- und neutestamentarisch. Seine Mitte liegt im Personalpronomen der 1. Person singular: im göttlichen ICH, das Mose auf den Tafeln des Gesetzes zu Tal brachte, das die Propheten – allen voran Jesaja – verschrifteten ("Ich werde einen neuen Himmel und eine neue Erde machen"), das Jesus von Nazareth als Himmelreich auf Erden lektoriert hat ("Heute ist diese Schrift erfüllt in euren Ohren"), und das die Evangelisten zum Alphabet, zum A und O der neutestamentlichen Sprachwelt werden ließen. Für Freiheitsbeglaubigung könnte man auch erlöste Lebendigkeit sagen. Der "Schöpfung" genannten Niederschrift am Anfang der Bibel korrespondiert die lösend-erlöste "Offenbarung" ihres Geistes am Ende, wenn der Funke aus dem flach darniederliegenden Skript auf den Lektor überspringt, daß er aus der zusammengekrümmten Studierhaltung am Schreibtisch emporschnellt und erhobenen Hauptes den Himmel grüßt: Ich bin es, wie Du sagst, erlesen weil verschrieben, verschrieben weil erlesen, eine Nachbildung, eine Imitation, eine Mimesis der Resurrektion des Geistes aus dem Grabmal des Buchstabens. Libertas christiana: Christenmenschentum – Schriftmenschentum.

"Welchen Sinn macht es, von Gott zu reden?" lautet ein bekannter Titel Rudolf Bultmanns. Seine Antwort: "Will man von Gott reden, so muß man von sich selbst reden." Die eigene Existenz sei zirkelhaft ins Theologische einzubinden. Gleiches gilt für das literale Sprachmedium: Welchen Sinn macht es, von Gott zu schreiben? Theo-logie als Theo-graphie? Auch da kann schriftgemäß auf das Mitwirken des Schreibens und Lesens nicht verzichtet werden. Der Gegenstand: das ICH, Ich, ich verlangt danach. Seine mediale Doublierung verpflichtet die Wahrnehmung auf den Wechsel von direkter und indirekter Rede. Sage und Schreibe: "Ich" – Ich.

Ein Buch über das Buch der Bücher ist auf die Konspirationsbereitschaft seines Lesers angewiesen. Wenn er nicht animiert wird, sich mit der Rede zu unterhalten und mit der Schrift zu kommunizieren, ist alle Liebesmüh vergebens. "Jede Schrift ist von Gottes Geist inspiriert und deshalb nützlich ..., damit der Gottesmensch vollkommen sei, zum guten Werk gerüstet".[3] Wer immer schreibend sich bemüht, den können wir erlösen. Ob von den Mühen oder für die Mühen, steht auf einem anderen Blatt. Ich habe deshalb fiktionale Momente in die Darlegung der hermeneutischen Sachverhalte eingespielt. Sie sollen die szenographische Einbildungskraft mobilisieren, um jener Vollpräsenz zu nahen, die Edmund Husserl "Situationswahrheit" nennt. Der entsprechende Terminus bei den Schriftgelehrten heißt seit Hermann Gunkel "Sitz im Leben". – Dort wird der Diskurs im 13. Kapitel enden.

---

3. 2. Timotheus 3,16.

I

Gute-Nacht-Geschichte

Das Stirb und Werde der Buchreligion

Wenn es dunkel wird, weil sich der Tag zu Ende neigt, schlägt die Stunde der Besinnung. Und das ist die Stunde des Geistes, die Abendstunde, in der ein Rückblick fällig wird, um die Bilder des Tages zu sammeln und abschließend sagen zu können: So war es, so könnte es gewesen sein, so hätte es gewesen sein müssen. So oder ähnlich. Ob Dichtung, ob Wahrheit, ist im Dämmerlicht schwer auszumachen. Wer will es auch übergenau wissen? Wenn sie nur gut erzählt ist, die Geschichte, soll sie willkommen sein, um hinüberzuleiten in den Schlaf, den kleinen Bruder des Todes zwischen Abend und Morgen, Sonnen-unter- und Sonnenaufgang. Gute Nacht: die Geschichte. Wie ein Schlummer-trunk ist sie den Göttern heilig.

Der wahre Wert der Dinge tritt erst hervor angesichts ihres möglichen Verlustes. Abschiedlich auf der Schwelle zum Nimmerwiedersehen wird er offenbar. Welch Segen die Gesundheit ist, lernt man am besten im Kranken-haus. Das Immergrün wächst am prächtigsten auf Friedhöfen. Frühlingsträume häufen sich im November, wenn unter kalter Nässe die letzten Blätter von den Bäumen fallen. Und das Loblied auf die Jugend, die goldene, gehört zur nahenden Altersweisheit. Man müßte noch mal zwanzig sein, um es richtig genießen zu können, was den Zwanzigjährigen selbst nicht zugetraut wird. Einmal ist keinmal. Tief und schwer an Bedeutung wird das Leben erst in der Wiederholung, der Domäne des Geistes.

Humanwissenschaftler nennen das "Erinnerungskultur". Sie findet seit Urzeiten ihren gepflegtesten Ausdruck in der Religion. Stirb und Werde. Entstehen im Vergehen. Auferstehung aus dem Tode, neues Leben durch Aufopferung des alten. Das ist das Prinzip des religiösen Geistes. Er macht bewußt was war, legt sich rückblickend ein Bild vom Gewesenen zurecht und verleiht ihm damit eine Qualität, die so zu keinem Zeitpunkt der Vergangenheit hat gewesen sein können. Sonst wäre das Gedenken nur für Historiker von Interesse, während es doch auf seinen Gegenwartswert ankommt. Er, nur er macht Geschichten überlebensfähig, daß sie unvergeßlich werden, all Morgen ganz frisch und neu. Er, nur er stiftet, was ewige Bleibe im Gedächtnis der Sterblichen zu finden vermag.

Das wirksamste Mittel, dessen sich der Geist zum Zweck der Wiederholbarkeit bedient, ist die Kodifizierung: das Verschreiben, Vertexten, Verbuchen. Die Schrift rettet das Erlebte aus der Flüchtigkeit der Zeit herüber in die Beständigkeit des Raumes, verwandelt es in graphische Zeichen, zu denen man ein ums andere Mal zurückkehren kann, um ihre Bedeutung lesenderweise zu reidentifizieren. Die Fixierung ist unsere Zuflucht vor der Umnachtung des Bewußtseins.

Deshalb ist das Schrifttum dem Geist heilig, zumindest in der "Abendland" genannten Tradition, die auf dem Humanismus des klassischen Altertums, auf dem Buchglauben von Juden- und Christentum und auf dem literarischen Bildungsbürgertum der Neuzeit beruht. Wer zur kulturellen Elite zählen wollte, mußte lesen und schreiben können. Bücher waren die Träger der kulturellen Kontinuität, an deren Vermächtnis man durch produktive Lektüre beständig fortschreiben konnte. Die Renaissance der klassischen Literatur in Italien und die Reformation des biblischen Christentums in Deutschland haben am Ende des Mittelalters zu einer Lesefrömmigkeit zusammengefunden, die den Stolz des modernen Buchmenschen, des "homme de lettres" auf den Weg brachte. Schriftsteller, Vielleser und die Besitzer teurer Bücherwände in der guten Stube konnten sich etwas Besseres dünken als das ungebildete Volk. Sie waren die Träger der Textpflege und verbürgten als solche die Aristokratie des Geistes über die Zeiten hinweg.

So schien es bis vor kurzem noch eine Selbstverständlichkeit zu sein. Das Fernsehen, allgemeiner gesagt: die audiovisuellen Medien haben das Milieu verändert. Sie erzeugen den Schein einer direkten, nicht literarischen Face-to-face-Kommunikation und stellen so den überkommenen Privilegiertenstatus der Buchkultur in Frage. Durch die "neuen" Medien ist eine Debatte über Nutzen und Nachteil des Lesens für das Leben ausgelöst worden, die von den Lehrkanzeln der Universität bis herab zur ABC-Pädagogik im Vorschulkindergarten auf allen Ebenen geführt wird.

Eine Gesellschaft, deren Psychodynamik primär vom Modernisierungsdruck der Industrieproduktion bestimmt wird, erlebt den Zwiespalt von neu-alt, alt-neu vorrangig in der Technologie. Man denke an die Fliegerei mit ihrer Freiheit über den Wolken. Sie hat zwar der Mühen des Bergsteigens enthoben, dessen Reiz in anderer Weise aber noch gesteigert (siehe die Entwicklung der Alpinistik). Man denke an die Schreibmaschinen, durch die rückwirkend der Wert von Handschriftlichem (Autogramme, Manuskripte) in die Höhe schnellte. Oder man denke an die Erfindung des Telefons. Seit es in Brauch ist, hat unser Wissen um die persönliche Gesprächskultur in Geschichte und Gegenwart (Dialogik) beträchtlich zugenommen.

Die zur Zeit wichtigste Innovation findet in der Kommunikationstechnologie statt. Dort sind auf elektronischer Basis Informationscodes entstanden (Television, Computer, Datenverarbeitung – künstliche Intelligenz), die der bislang dominierenden Geistestechnologie (Lesen und Schreiben von Texten) den Vorrang streitig machen. Zwar ist über Nutzen und Nachteil der Literalität für das Leben immer schon gestritten worden. Seit aber der Fernseher in die Wohnwelt von Jedermann eingedrungen ist, nimmt die Debatte darüber historisches Format an.

Breitenwirksam eröffnet wurde sie von Marshall McLuhan. Stichwort: "Ende des Buchzeitalters", gleichbedeutend mit "Ende des Gutenbergzeitalters". These: Johannes Gutenberg (gest. 1468) hat mit der Erfindung des mechanischen Textdrucks jenes typographisch kodierte Neuzeitbewußtsein geschaffen, dessen Sein oder Nichtsein auf dem Prüfstand steht, seit man per Knopfdruck überall live dabei sein kann, in simulierter Raum- und Zeitgleichheit, wie beim Dorfgespräch in analphabetischen Frühkulturen.

> "Die immer stärkere Betonung des Visuellen bei den Griechen entfremdete sie der primitiven Kunst, die das elektronische Zeitalter jetzt neu erfindet, nachdem es das vereinheitlichte Feld elektrischer Simultaneität in seine Struktur einbezogen hat". "Heute leben wir an der Grenze zwischen fünf Jahrhunderten der Mechanisierung und der neuen Elektronik, zwischen dem Homogenen und dem Simultanen. Das ist schmerzhaft, aber fruchtbar."[1]

Andere sind McLuhans Spuren gefolgt. Ägyptologen und Gräzisten etwa mit ihrer Erforschung des Übergangs aus der Wort- in die Schriftkultur der Antike[2]; die Philosophen mit der Differenzierung zwischen logozentrischem und graphozentrischem Denken[3]; oder die Metaphorologen mit Rückbesinnungen auf das Buch der Natur (*liber naturae, liber mundi*).[4] Fragwürdig ist sie geworden, die Lesbarkeit der Welt, in der wir leben, die Lebenswelt. Was haben wir an ihr? Was haben wir an ihr gehabt?

Aus Amerika importiert, hat auch bei uns ein Bücherstreit (Skriptomachie) begonnen, der zum Pflichtrepertoire des Zeitgeistes zählt. Wer mitreden will, muß dazu eine Meinung haben. Ob pro oder contra ist zweitrangig. Um die

---

1. M. McLuhan: Die Gutenberggalaxis. Das Ende des Buchzeitalters, Düsseldorf und Wien 1968, S. 90. 194.
2. W. J. Ong: Oralität und Literalität. Die Technologisierung des Wortes, Opladen 1987.
3. J. Derrida: Grammatologie, Frankfurt a.M. 1974.
4. H. Blumenberg: Die Lesbarkeit der Welt, Frankfurt a.M. 1981.

Fraglosigkeit und Elitegeltung der Buchkultur ist es jedenfalls geschehen. Sie gilt als rechtfertigungsbedürftig. Warum und wozu? Aufklärung tut not, Selbstaufklärung über Ursprung, Umfang und Grenzen der Vernunft in schriftlicher Form.

Die Wertungen gehen weit auseinander. Die Befürworter sprechen mit sozial-revolutionärem Pathos in der Stimme vom Sieg über den bildungsbürgerlichen Individualismus. Lesen nämlich privatisiert. Vor dem Buch ist jeder allein und stumm für sich. Kommunikation und Solidarität ersterben. Bitte nicht stören! Wer mag schon seine Zeitung mit anderen teilen – von kleineren Leseformaten ganz zu schweigen. Und aus dieser Asozialität – lautet die These – sind wir durch die Medien befreit worden. Sie erzeugen eine Öffentlichkeit, an der nahezu alle gleichzeitig teilhaben können, wie ehedem in schriftlosen Stammes-gesellschaften, oder wie beim Volkspalaver auf dem Dorfplatz, nur jetzt im Großformat, weltweit. Fernseher aller Länder vereinigt euch.

Die Kritiker dagegen kehren den Nivellierungseffekt des TV heraus. Sie befürchten einen Rückfall der Menschheit in globalen Analphabetismus: Ob Mord- oder Liebesszene, ob der Aufschlag zum Matchgewinn oder der päpst-liche Segen urbi et orbi, die Mattscheibe mache alles gleich. Sie sei niveaulos, ohne Geist, weil ohne Differenz: eine absolute Hyperrealität jenseits von Sein und Schein, Wirklichkeit und Illusion, "Simulacrum" genannt (Baudrillard). Und das müsse gefährliche Konsequenzen haben, weil Einsamkeit, Diskretion und Selbstbeschäftigung, die Grundlagen der Demokratie, sabotiert würden. Persönliches Für-sich-Sein ist das Widerlager der Politik. Ohne Privatkultur wird die Öffentlichkeit totalitär. Deshalb lautet die Medienbotschaft in diesem Fall: "Wir amüsieren uns zu Tode".[5]

Wer Recht hat, muß die Zukunft entscheiden. Tatsache ist aber, daß das Für und Wider des Buchzeitalters dem Buchmarkt selbst kräftigen Auftrieb verleiht. Titel, die sich damit beschäftigen, haben es zu Rekordauflagen gebracht, ob in Prosa oder Poesie: etwa die ethnologischen Feldforschungen über mündliche und schriftliche Gesellschaften; die Geschichten des Buches in den verschie-denen Phasen der Menschheitsentwicklung; der literaturtheoretische Diskurs über Autoren- und Leserrollen; die Selbstreflexion der Philosophie hinsichtlich ihrer Intertextualität; oder Romane wie Umberto Ecos "Der Name der Rose", Michael Endes "Die unendliche Geschichte", Robert Bachs "Illusionen", Heinz Körners "Johannes", Christoph Ransmayrs "Die letzte Welt" oder Klaas Huizings "Buchtrinker" – lauter Bücher über das Geheimnis des Buches, seine Faszination und seinen Schrecken. Das Buch ist tot – es lebe das Buch.

---

5. N. Postmann: Wir amüsieren uns zu Tode, Frankfurt a.M. 1988.

Erste Anzeichen einer wiederbelebten Buchkultur in Theorie und Praxis sind auch schon vorhanden. Ich denke an die "Stiftung Lesen", die jung und alt wieder mit dem Geheimnis der Literalität vertraut machen will.

"Wir haben insofern eine >kritische Masse< erreicht, als die elektronischen Medien den Charakter unserer symbolischen Umwelt entscheidend und unwiderruflich verändert haben. Wir gehören heute einer Kultur an, deren Informationen, deren Ideen und deren Epistemologie vom Fernsehen und nicht vom gedruckten Wort geformt werden. Gewiß, es gibt noch Leser, und es werden zahlreiche Bücher veröffentlicht, doch man bedient sich des Gedruckten und des Lesens nicht auf die gleiche Weise wie früher – nicht einmal in den Schulen, die man für die letzten Bastionen des gedruckten Wortes gehalten hat.
Ähnlich den Fischen, die in einem vergifteten Fluß überleben, und den Kahnfahrern, die auf ihm rudern, gibt es Menschen unter uns, deren Urteil und Verstand in starkem Maße von den anderen Medien geprägt worden sind, und die sauberes Wasser noch gekannt haben."
"Leseförderung heute ist der entscheidende Beitrag zum vorausschauenden 'geistigen Umweltschutz', denn Leseförderung ist eine Investition in die Zukunft unserer Gesellschaft und eine drängende Aufgabe in einer zunehmend elektronisch bestimmten Medienkultur. Leseförderung ist notwendig, weil eine humane Gesellschaft eine lesende Gesellschaft sein muß."[6]

Und ich denke zum anderen an die Möglichkeit, eine eigne Wissenschaft zu studieren, die nur ihm, dem Buch, gilt: "Buchwissenschaft":

"Das Ziel dieses Studiengangs ist es, auf wissenschaftlicher Grundlage in aktuelle und historische Probleme der Buchwissenschaft, insbesondere in fachliche Kenntnisse der Vermittlung von Literatur einzuführen und entsprechende praktische Fähigkeiten einzuüben. Das Studium orientiert sich an der Berufspraxis im herstellenden und verbreitenden Buchhandel und anderen Literatur vermittelnden Medien."[7]

Vom medientechnologischen Krisenbewußtsein ist auch das Buch schlechthin, die "Bibel" erfaßt worden. Ende oder Wende? Ende der Religion qua Buchreligion oder Wende zur Neueröffnung, als ob es nun mit dem Biblizismus erst richtig anfinge? Bange Frage. Davon ist vor allem der Protestantismus betroffen, weil seine Gründergestalten, Luther und Calvin, die Bibellektüre zum alleinigen

---

6. Aus dem Prospekt "Stiftung Lesen", Mainz 1989, S. 3.6.
7. Aus den Erläuterungen des Instituts für Deutsche Philologie an der Universität München zur "Buchwissenschaft", Sommersemester 1993.

Heilsweg erklärt haben: durch die Schrift und nur durch sie, finde der Glaube zum persönlichen Verkehr mit Gott, nicht durch mystische Bildbetrachtung, wie in der griechisch-russischen Orthodoxie und nicht über den kirchlichen Klerus, wie im römischen Katholizismus, lautet das evangelische Credo. Und das hat heute, angesichts der im Medienzeitalter drastisch sinkenden Bibellektüre einen schweren Stand. Ende des Buchzeitalters = Ende des protestantisch bestimmten Neuzeitchristentums? Stirbt die Religion, wie sie im Buche steht, an der Medienreligion, der Totalisierung der Öffentlichkeit durch elektronische Gleichschaltung?

Es gibt Volksbefragungen, die das zu bejahen scheinen. Aber eindeutig ist der Befund nicht, weil auch Gegentendenzen registriert werden. Etwa der evangelikale Fundamentalismus, der zusehends an Boden gewinnt, die Entdeckung der Bibelfrömmigkeit als Thema der Religionssoziologie, oder die im Kirchenauftrag erfolgende Bibelwerbung im Fernsehen. Höchst paradox! Man bemüht die Amüsiertechniken der Medien, um zum Rückzug aus ihnen zu bewegen: Wenn Sie Lust geschöpft haben, Lust am Lesen, sollten Sie die rote Taste drücken, auf Ihrem Bücherbord suchen, irgendwo gibt es sie bestimmt noch, die verstaubte, aus biographischer Pietät mitgeschleppte Konfirmationsbibel in Goldschnitt, und sich damit ins stille Kämmerlein zurückziehen, um den Abendsegen zu erlesen. Spät ist es geworden, wenn auch nicht zu spät.

So oder ähnlich würde der Erfolg medialer Bibelwerbung aussehen. Man sollte ihn in fortgeschrittenen Abendstunden erwarten. Die sind für den Geist der Schrift notorisch prädestiniert. Gelesen wird in die Nacht hinein. Tagsüber studiert man, vergräbt sich, kaum daß die Sonne aufgegangen ist, in seine Lehr-, Schul-, Rechnungs-, Kurs- oder Konkursbücher, bewaffnet mit Rotstift und Lineal, um das Schriftbild mit Unterstreichungen, Querverbindungen und Glossen auf eigene Rechnung geschäftig zu übermalen. "Textbearbeitung" nennen das Literaturtheoretiker: Arbeit, weil es in der Hitze des Tages an der für echtes Lesen nötigen Muße fehlt. Die pflegt sich erst nach Feierabend einzufinden, wenn die Sonne westwärts vom Himmel steigt, um sich schlafen zu legen. Da entsteht das "Abendland", die Aura des verklärt-verklärenden Zuspät, wenn die Eulen geräuschlos vom Tagesstand abheben und die Dichter im Gleitflug der Phantasie nach Bleibendem Ausschau halten. Es ist zu spät, um Neues anzufangen – es sei denn die Verwandlung des Erlebten ins Bild der Nacht: eine aus Erinnerung und Einbildung zusammengewobene Fiktion nahe dem Untergang, daß es getrost dunkel werden kann. Wie bei den Kindern, denen man Gute-Nacht-Geschichten vorliest, in der Hoffnung, daß sie irgendwann darüber einschlafen und am nächsten Morgen nachfragen, wie denn die Geschichte zu Ende gegangen sei.

Abendländisch im symbolischen Sinn des Wortes ist die Schriftkultur immer schon gewesen. Sie lebt von der Nachträglichkeit literarischer Reflexion gegenüber den Lebensnotwendigkeiten des Alltags. Das ist ihr Sinn und Zweck: ein Nachtrag mit Ewigkeitswert zu sein. So war es im alten Orient, als Scheherazade mit ihrer über 1001 Nächte fortgeführten Märchenerzählung den mordwilligen König endlos an sich zu binden wußte. So war es am Hof der Phäaken, wo der viel leidende Odysseus seine Geschichten in die Länge zog, daß er selbst darüber einschlief, um von seinen Gastgebern in die Heimat zurückgerudert zu werden, nach Ithaka, in den seligen Port. Und so ist es, wenn am Heiligen Abend in die Stille der Nacht hinein die Urgeschichte, nach der die Welt datiert, verlesen wird: die Weihnachtslegende aus der Feder des Evangelisten Lukas. Sie ist mit ihren 20 Versen zur bekanntesten, weil dichtesten Gute-Nacht-Geschichte der Weltliteratur geworden und hält über alle Säkularisierungen hinweg das Wissen um die Überwinterungsfunktion der Schrift wach. Heiligkeit der Nacht – Heiligkeit der Schrift. Zu Weihnachten läuft das Buchgeschäft auf Hochtouren, alle Jahre wieder. Weihnachtszeit – Buchzeit. Da werden sie massenweise verschenkt, die Bücher. Ob auch gelesen oder wenigstens studiert, ist eine zweite Frage.

II

Glauben und Schauen

Das Testament als Zwang zur Mündigkeit

Die Bedeutung des Wortes "Glauben" versteht sich aus einer bestimmten Situationsdramatik. Man muß es imaginativ auf die Bühne stellen, um seinen Sinn zu erfassen. Glauben ist eine mündlich beschlossene Sache. Ich glaube heißt: ich glaube aufs Wort, ohne weitere Umstände zu machen. Du hast es gesagt, mir zugesagt, so daß du es auch einhalten wirst. Dem vertraue ich. Darauf setze ich blindlings. Glaube ist blinder Glaube, weil er nicht danach schielt, wie wahrscheinlich oder unwahrscheinlich es sei, daß die Zusage eingehalten werden kann. Daran zu zweifeln, hieße die Glaubwürdigkeit des Partners leugnen und seinem Wort keine Kreditwürdigkeit einräumen. Gesagt ist gesagt.

Umso begieriger ist man auf das Gesicht des Gegenübers, ersatzweise für die fehlende Wahrscheinlichkeit des Versprochenen. Der Hörer fixiert die Augenpartie des Wortgebers, um seine Pupillensicherheit zu testen. Hat er einen festen Blick? Kann man ihm gerade ins Gesicht sehen? Versprechen am Telefon abnehmen zu wollen, ist wenig ratsam. Das vis-à-vis gehört dazu. Der Blickkontakt muß mitentscheiden, ob das Wagnis auf Treu und Glauben verantwortet werden kann. Erst wenn er Ja! sagt, kann es Top! heißen. Top, das Wort gilt! Und dann kommt der Handschlag, die Sache zu beschließen. Sie will, um sich vollends zu inkarnieren, auch manuell begriffen sein. Ich nehme dich beim Wort. Ich habe dich verbal in der Hand.

So spricht der Glaube, wie er leibt und lebt. Warum drängt es ihn gleichwohl darüber hinaus ins Schwarz-auf-Weiß der Dokumentation? Schriftlichkeit ist mehr und anderes als die Fortsetzung mündlicher Kommunikation mit anderen Mitteln. Ein Qualitätssprung liegt dazwischen. Leser von Texten befinden sich in einer prinzipiell anderen Lage als Hörer von Worten. Nur Hörer können beim Sprecher nachfragen, was er gemeint habe, welche Absicht, welcher Wille, welche vorgängig leitende Intention hinter seinen Worten stehe. Was hast du mit dem Gesagten sagen wollen? Was meinst du? Erkläre dich genauer, damit ich dich verstehen, ich die von dir benutzten Ausdrucksmittel motivational durchschauen und mir aneignen kann. Einem Leser dagegen steht die Reduzierbarkeit auf das vorgängige Willenssubjekt nur begrenzt zur Verfügung, weil

kein direkt erreichbarer Gesprächspartner da ist. Er hat sich aus der Ebenbür-
tigkeit des Dialogs (Symmetrie von Subjekt und Konsubjekt) zurückgezogen in
die Rolle des unbefragbaren Autors.

Das Wort läuft von Mund zu Mund, ist eine konvertible Währung, beliebig
vertauschbar. Ich meine es so, und du meinst es mit etwas anderen Worten
ähnlich. Wir verstehen uns, nicht wahr? Andernfalls laßt uns miteinander
sprechen. Wir sind flexibel in unseren Explikationsmitteln. Die Schrift dagegen
ist verstummt. Regungslos sind ihre Züge auf dem Papier erstarrt, wie eine
Totenmaske, daß man sie zwar nach dem Ausdruckswillen des Schreibers
hinterfragen kann, eine gesprächsanaloge Antwort aber nie erhalten wird.
Sprecher müssen jederzeit Herren ihrer Worte sein, damit sie sie so oder so
wenden können, je nachdem, wie die Dialogsituation es erfordert, um ver-
ständlich zu bleiben. Schreiber dagegen entäußern sich ihrer Souveränität im
Disponieren über die Mittel, legen sie nieder in Produkte ihrer Hand, die der
Leser hinnehmen muß, ohne sich rückversichern zu können, ob er die von
ihnen übermittelte Botschaft auch intentional richtig verstanden habe.

Das Reden- und Hörenkönnen ist uns nahezu selbstverständlich. Wir rechnen
es zu unserer zweiten Natur. Der Mensch ist das logische, das redende Wesen.
Muß ihm deshalb auch die Beherrschung der Schrift abverlangt werden? Ist es
ihm gleichwesentlich, schreiben und lesen zu können? Die Annahme liegt nahe,
weil nur von der Wort- zur Schriftsprache weitergegangen wird, ohne die
Sprachlichkeit als solche zu verlassen. Aber das nominelle Kontinuum ist
glatter, als die veränderte Sachlage zuläßt. Ein anderes Weltverhältnis greift
Platz. Sprachliches Sein ist präsentisch, schriftliches Sein absentiert. Während
Sprecher die Wirklichkeit in beredte Gegenwart bannen – So ist es! –, ziehen
Schreiber sich in Klausur zurück, um sie in absentia zu fixieren. Zeichen
produzieren sie, die ans Jenseits ihres eigenen Horizontes adressiert werden.
Zwischen Schreiben und Schrifterfüllung besteht kein Blickkontakt und keine
Kontrollmöglichkeit. Wie bei der Flaschenpost, die ins Meer geworfen wird,
ohne von den erhofften Ufern zu wissen, setzt der Autor eine Botschaft in die
Welt, die ins Namenlose transzendiert. Er muß das Ob, Wann, Wo und Wie
der Ankunft beim Leser den Sternen anvertrauen. Zurück bleibt nur die
Gewißheit, etwas Bleibendes in die Welt gesetzt zu haben.

Weil die Bindekraft von Absprachen am Klang der Stimme – ein luftiges
Gebilde – hängt, muß für die Dauerhaftigkeit des Versprochenen ein situa-
tionstranszendentes Substrat geschaffen werden, das den Übergang vom
Hörensagen zum Augenschein, von der Akustik zeitgebundenen Verstehens zur
Optik raumgestützter Anschauung vollziehen kann. Und das ist die Graphik,
das Schriftbild als Material des Geistes, auf welcher Unterlage immer, seien es
Felsen, Tierhäute oder elektromagnetische Felder. Wenn nur die ihnen anver-

trauten Zeichen Beständigkeit garantieren, daß man dort Hilfe finden kann gegen die Kurzatmigkeit des Ja-Ja, gegen die Verführungskunst der Rhetoriker und Rhetorikerinnen und gegen die notorische Vergeßlichkeit der Sterblichen – Tendenz steigend.

Schreiben heißt festschreiben, daß man damit rechnen kann. Ist die Sache fixiert, darf an ihr nicht mehr gerüttelt werden. Sie steht, schwarz auf weiß – auch wenn für diesen Fixismus ein hoher Preis entrichtet werden muß. Schreiben heißt fest- und totschreiben zugleich, weil das Hin und Her der Worte unter der Feder erstarrt und die Lippen verstummen. Es hat noch keiner sein Wort ungestraft zu Papier gebracht – selbst der Allmächtige nicht (S. 38ff). Die Schrift ist der Speicher, aber auch das Mausoleum der Sprache. Schrift = Grabschrift. Buch = Totenbuch, weniger für das Leben als für seine Transzendenz, für das Über-, Nach- und Fortleben jenseits des leibeigenen Horizonts bestimmt.

Die Bibel hat für die Ambivalenz der Schrift als Denkmal und Grabmal des Geistes ein vielsagendes Exempel statuiert: Als Pontius Pilatus den Nazarener kreuzigte, ließ er über seinem Kopf in hebräischer, griechischer und lateinischer Sprache schreiben: "Jesus von Nazareth, der König der Juden." Darauf kamen die Hohenpriester geeilt, ihn auf die Mißverständlichkeit seiner Worte aufmerksam zu machen: Die Leute könnten den Titel für bare Münze nehmen, statt sich über seine Ironie zu amüsieren. Setze ihn deshalb in Anführungsstriche, um zu signalisieren, daß es sich um eine bloß subjektive Meinung handelt: "Er glaubte, der König der Juden zu sein" – Gänsefüßchen vorne, Gänsefüßchen hinten. Seht selbst, was daraus geworden ist! Antwort des kaiserlichen Statthalters: "Quod scripsi scripsi", was ich geschrieben habe, habe ich geschrieben.[1] Über Pilatus' Motive darf gerätselt werden. Sie reichen vom Starrsinn der Politiker, die nun einmal keine Fehler eingestehen können, über den Lakonismus, der einem von antiken Rhetorikern empfohlen wurde, um Debatten kurz und bündig abzubrechen, bis hin zur Inspiration mit einer Vorwegnahme der Osterbotschaft: der Dornengekrönte als wahrer König. Warum auch immer, Pilatus ist mit seiner Zeile zum ersten Schriftsteller des Christentums geworden und als solcher auf dem Zentralsymbol der Kirchen, dem Kruzifix, bis heute präsent: INRI, *Jesus Nazarenus Rex Judaeorum*.

Vertrauen ist gut – Kontrolle ist besser. Glauben ja – aber auch schauen, nachschauen, ob er schriftlich verbürgt sei, also Mißtrauen gegen die Vertrauensseligkeit des reinen Wortcredos walten lassen. Mephisto: "Um Lebens oder Sterbens willen / Bitt' ich mir ein paar Zeilen aus." Faust: "Dieser Wahn

---

1. Johannes 19,22.

ist uns ins Herz gelegt, / Wer mag sich gern davon befreien? / Beglückt, wer Treue rein im Busen trägt, / Kein Opfer wird ihn je gereuen! / Allein ein Pergament, beschrieben und geprägt, / Ist ein Gespenst, vor dem sich alle scheuen. / Das Wort erstirbt schon in der Feder, / Die Herrschaft führen Wachs und Leder. / Was willst du böser Geist von mir? / Erz, Marmor, Pergament, Papier?"[2]

Ist der Geist, den es nach Fixierung verlangt, gut oder böse? Wer immer schreibend sich bemüht, den können wir erlösen, oder: ... den müssen wir verdammen? Wie immer die Antwort ausfallen mag, auf dem Schriftgeist beruht unser gesamtes Rechtssystem. Standesbeamte etwa lassen das Ja-Wort der Brautleute apathisch an sich vorbeirauschen, um erst hellwach zu werden, wenn es gilt, die Unterschriften am rechten Platz einzufordern. Hierher, bitte, hierher! Sie halten es mehr mit dem Verschreiben als dem Versprechen, ziehen der Absprache den Vertrag vor, weil erst durch ihn der "Bund fürs Leben" Rechtsgültigkeit erlangt.

Liebesleute stoßen irgendwann auf die Frage, ob es nicht doch von Vorteil sein könnte, ihre Übereinkunft justikabel zu machen. Gültig? Endgültig? Bis daß der Tod ...? Sicher, totsicher. Aber eine Festigung wäre es schon. Was ist Sinn, was Zweck der Schrift? Glaubensleute haben es mit der gegenläufigen Frage zu tun, weshalb die Schrift trotz ihres urkundlichen Starrsinns nicht auf die labile Mündlichkeit verzichten will. Weshalb rekurriert sie auf Gottes Wort und die Heilsnotwendigkeit von Gehör und Gehorsam? Der Grund ist die situationsgebundene Eindeutigkeit von Sprache qua Absprache und Sage qua Zusage, gebunden ans personale Gegenüber von Ich und Du im Modus der Glaubwürdigkeit: "Euer Wort sei Ja – Ja!, Nein – Nein!"[3] Dem Leser der Schrift ist die dem Hörer des Wortes mögliche Eindeutigkeit versagt. Er hat als Gegenüber einen Text, der zwar intentional befragt werden kann, wie ein Dialogpartner, sich aber keiner Bevormundung durch unterstellte Absichten beugt. Er spricht allenfalls für sich selbst als Vermächtnis seines Urhebers. Im Dialog könnte sofort geklärt werden, ob der Ausdruck "sich versprechen / verschreiben" positiv oder negativ verwendet wird. Meinst du die Selbstfestlegung einer Person in Wort und Schrift, oder semantische Fehlleistungen, die man als solche erkennt und alsbald mit dem Tonfall des Bedauerns in der Stimme korrigiert: Entschuldige, ich habe mich versprochen / verschrieben? Wer die Ausdrücke in schriftlicher Form vor sich sieht, muß selbst verantworten, wie er sie liest. Er mag zwar zurückfragen: Was hat der Autor damit sagen wollen?, wird aber unfehlbar auf den Pilatusreflex stoßen: "Quod scripsi scripsi!" Ich

---

2. Goethes Faust, Vers 1722 – 1731 (Hamb. Ausg.)
3. Matthäus 5,37.

wollte nichts sagen, ich habe geschrieben. Mündige Texte für mündige Leser. Beide sind der Hörigkeit des Verbalismus entwachsen. Aufs Wort hören – auf die Schrift schauen.

So liegen Macht und Ohnmacht der Schrift nahe beieinander. Sie beurkundet, was mündlich vereinbart wurde, entbehrt aber der für ein Vertrauensverhältnis erforderlichen Eindeutigkeit, so daß Urkunden auf Beglaubigung durch ein vorgängiges, fiktiv vorauszudenkendes Zweiergespräch zurückgreifen müssen, um autorisiert zu sein. Das erklärt die innerbiblische Zirkelbewegung von Wort und Schrift weit über die zitierten Einzelaussagen hinaus. Altes und Neues Testament im Ganzen sind nach der Fiktion eines vorliterarischen Unmittelbarkeitsglaubens konzipiert. Im Alten Testament ist es die Gestalt des Mose, der sich zum Vier-Augen-Gespräch mit Gott ins "Zelt der Begegnung" zurückzieht. "Der Herr redete mit ihm von Angesicht zu Angesicht, wie ein Freund mit dem Freunde spricht".[4] "Wenn unter euch ein Prophet ist, so offenbare ich mich ihm in Gesichten und rede in Träumen mit ihm. Nicht so mit meinem Knechte Mose: ... Von Mund zu Mund rede ich mit ihm und das Gesicht des Herren schaut er an".[5] Aus diesem exklusiven Ich-Du stammt die Thora, das Bundesbuch vom Sinai, bis heute die Heilige Schrift des Judentums. Sie versteht sich selbst als eine die vierzigjährige Offenbarungsgeschichte seit dem Auszug aus Ägypten bilanzierende Abschiedsrede, die Mose auf dem Berg Nebo unmittelbar vor seinem Ende gehalten hat. Mit dem letzten Wort starb er. Das Bundesbuch war sein Sterbenswort.

Im Neuen Testament wird die Idee einer schriftbegründenden Intimität des Dialogs noch gesteigert. Bis an die Selbstunterredung, die ein Ego mit dem alter Ego in der eigenen Brust führt, reicht sie heran – fast monologisch. Hier ist es die Figur des gottebenbildlichen Beters: Jesus im Zwiegespräch mit seinem himmlischen Vater, wenn auch öffentlich, allen Lesern seiner Worte zugewandt, um sie in der Gemeinschaft des "Pater noster" zu versammeln: "Vater unser, der du bist im Himmel." Damit "alle eines seien, wie du, Vater, in mir bist, und ich in dir, so auch sie in uns".[6] Auch das sind qualitativ letzte Worte, die einen schriftähnlichen Festigkeitsgrad besitzen. Sie stehen in der das Lebenswerk Christi resümierenden Abschiedsrede des Johannesevangeliums.

Wir nennen die literale Form von Vermächtnissen ein Testament. Stelle dir vor, es klingelt: der Postbote. Einschreiben! Du quittierst den Empfang mit deinem Namenszug und ziehst dich ins Hausinnere zurück. Was wird es sein?

---

4. 2. Mose 33,11.
5. 4. Mose 12,6ff.
6. Johannes 17,21.

Der Aufregung wegen gleitet dein Blick, kaum daß das Schreiben geöffnet ist, ans Ende herunter, zum kritischen Punkt aller Schriftstücke, der Unterschrift. Sie fehlt, glänzt durch Abwesenheit. Nur ihr Platz ist mit einer Leerzeile ausgespart. Darunter in Klammern und ganz klein gedruckt, daß du zur Brille greifen mußt, um näher heranzukommen: "Nach Diktat verstorben". Nicht nur "nach Diktat verreist", wie man es von den Episteln hoher Herren kennt, die sich unliebsame Rückfragen vom Hals schaffen wollen, daß es gar keinen Zweck hat, bei der Sekretärin einer Audienz wegen auch nur anrufen zu wollen: Es tut mir leid! Er weilt im Ausland. Rückkehr unbestimmt. Immerhin, Hoffnung besteht noch. Anders im vorliegenden Fall, wo sie augenblicklich zu Boden stürzt. "Nach Diktat verstorben" heißt: Rücksprachemöglichkeit definitiv ausgeschlossen. Der wird nie mehr mit sich reden lassen, dir seine Absicht zu erklären. Was du vor Augen hast, ist der letzte Wille, dir zu treuen Händen übereignet. Er lautet: Man kann mich nicht mehr hören, man wird mich lesen müssen. Aber um mich richtig lesen zu können, muß man mich so lesen, als ob man mich hörte.

Analog verhält es sich mit der "Heiligen Schrift" aus Altem und Neuem Testament. Heilig wird sie wegen der Heiligkeit des letzten Willens genannt. Er verpflichtet den Hörer auf die Pietät der Nachfolge und entsendet den Leser in die Autonomie. Die Bibel ist ein zweifaches Testament, enthält also den doppelten Zwang zur Mündigkeit aus erlesener Freiheit.

Ist Geborenwerden die erste Entbindung, Entwöhnung die zweite, der Schulgang die dritte, die Rechtsemanzipation die vierte, der Auszug von Zuhause die fünfte usw., macht es guten Sinn, die Testamentseröffnung als letzte Entbindung zu bezeichnen. Sie beendet das zeitgleiche Zusammenleben mit der Elterngeneration und läßt den Leser in die vorderste Frontlinie vorrücken, wo es niemanden mehr gibt, hinter dessen Rücken er sich verkriechen könnte. Lies! Nun bist du an der Reihe, dich selbst zu verantworten. Es wird ernst. Zwang zur Mündigkeit heißt Zwang zur Mündlichkeit: Was sagst du nun?

Der Streit um die Schriftlichkeit ist schon in der Antike ausgebrochen, kaum, daß das Alphabet erfunden war. Was ist eigentlicher, ursprünglicher, gottnäher, das Wort oder die Schrift, das Hörbare oder das Sichtbare, die akustische oder die optische Welt? Wo stellen sich Inspirationen leichter ein, im Hin und Her des Dialogs, der Spontaneität des Hörensagens, der Hitze des Wortgefechts, oder im kalten Metier des Skriptoriums mit Tinte, Feder, Papier, Zettelkästen, Handschriften und verstaubten Büchern, deren Alter ans Uralter der Ewigkeit grenzt: "Im Anfang war ..." Jacques Derrida hat die Querelle erneuert mit seiner "Grammatologie": Im Anfang waren die Buchstaben WORT – nicht das Wort selbst. Archäologie des Gramma statt Archäologie des Logos ("Logozentrismus"). Theologen werden das nur halbwegs nachsprechen können, da sie der Dialektik vom 2. Korintherbrief 3,6 verschrieben sind: "gramma apokteinei – pneuma zoopoiei". "Der Buchstabe tötet – der Geist macht lebendig".

"In bezug auf die heute als Logozentrismus kursierenden Prämissen – Autonomie des Subjekts, Transzendentalität, Primat der Mündlichkeit gegenüber der Schriftlichkeit, Sinnpräsenz – ist dem Evangelium seit langem eine Schlüsselstellung zugestanden worden. Jedenfalls hat man den Text von Augustinus bis Bultmann logozentrisch gedeutet. Im Mittelpunkt dieser Interpretation steht die Präsenz – die des Heils, die Christi, und die der Gläubigen im *Christus vivus*. Diese Allgegenwärtigkeit wurde auf den präexistenten Logos zurückgeführt, welcher sich als Personifikation unmittelbarer mündlicher Rede im Evangelium beredten Ausdruck verschafft hat." "Nun ist es aber wichtig, der johanneischen Erzählung eingedenk zu bleiben, welche sich im schriftlichen Evangelium Ausdruck verschafft hat. Denn diese handelt weder von der Apotheose des transzendentalen Signifikants noch von der *anabasis* der Leser ins Reich des Logos, sondern primär von der *katabasis* des Logos in den Bereich des Fleisches. Dieses Drama von der Fleischwerdung und von der Kreuzigung des metaphysischen Logos scheint nun aber ganz und gar nicht mit den als Logozentrismus kursierenden Prämissen in Einklang zu stehen. Vielmehr wird man sagen dürfen, daß die Materialität schriftlicher Kommunikation mit dem Thema der Inkarnation korrespondiert. Inkarnation und Schriftlichkeit – wobei das eine durch das Medium des anderen vermittelt ist – stellen die beiden Grundprinzipien des Evangeliums dar, und beide untergraben sie mündliche Plenipräsenz. Der Eintritt ins Fleisch spielt sich in der Körperlichkeit des Textes ab. Das hat gerade nichts mit logozentrischer Übersteigung der grammatikalischen Matrix zu tun."[7]

---

7. W.H. Kelber: Die Fleischwerdung des Wortes in der Körperlichkeit des Textes, in: Materialität der Kommunikation, hg. H.U. Gumbrecht und K.L. Pfeiffer, Frankfurt a.M. 1988, S.31.38.

III

Federtrieb

Von der mündlichen zur schriftlichen Theologie

Weil das Wissensideal der Wissenschaft sich methodisch verschwistert hat mit der Technik experimenteller Forschung, wird die moderne Zivilisation gern wissenschaftlich-technologisch genannt. Ihre Modernisierungsdynamik resultiert aus der industriellen Nutzung von Forschungsergebnissen der Experimentalwissenschaft. Das hat sich breitenwirksam zuerst im 19. Jahrhundert gezeigt, als mit der Entstehung des Proletariats weite Teile der Arbeiterschaft aus der religiösen Sozialordnung herausgedrängt wurden ("industrielle Revolution"). Die Religionskritik des Marxismus konnte da ihre Plausibilität finden.

Heute fragt sich, ob die Neuerungen auf dem Gebiet der Kommunikationstechnologie einen Umbruch ähnlichen Ausmaßes zur Folge haben werden. Die "neuen Medien" stellen das bisherige Leitmedium der Bewußtseinsbildung, das Buch, zur Disposition. Seine Hierarchie in der Kulturtechnik des Abendlandes wird fragwürdig. Geht das Buchzeitalter zu Ende und mit ihm das Zeitalter der Religion qua Buchreligion? Wird das Christentum anachronistisch, weil seine literale Bildung eine kommunikationstechnisch überholte Wissensform darstellt, die nicht mehr auf der Höhe der Zeit ist? Wie immer man darauf antwortet, die Frage steht im Raum und problematisiert das konventionelle Selbstverständnis. Es geht um die Glaubensnormierung durch den Kanon, die Bibel, das Buch der Bücher, die Heilige Schrift. Warum das Heilige weiterhin an die Schriftlichkeit binden? Bedarf es der Kodifizierung, um seiner inne zu werden? Welchen Sinn macht es, von Gott zu lesen? Sollte man nicht mit dem Hörensagen vorliebnehmen?

"Das Fernsehzeitalter, das alternative Heils-Medien denkbar macht, stellt uns vor die schwierige Frage: Cur deus auctor? Haben wir es bisher nicht als zu selbstverständlich hingenommen, daß es eine Bibel gibt und die vielen Bücher, die von ihr inspiriert sind, und daß es den Leser gibt, der daraus schöpft und weiterreicht? Das elektronische Zeitalter zwingt uns zu fragen, was es für einen Sinn hat, daß es nicht nur ein auserwähltes *Volk*, sondern offensichtlich auch ein auserwähltes *Medium* gibt, – es sei denn, wir unterstellen, daß die Auserwählung der Schrift und die damit zusammenhängende Erwählung des Lesers eine 'Verlegenheitslösung' Gottes war, weil ihm damals keine bessere Lösung zu Gebote stand. Wenn wir dieser Verlegenheitstheorie nicht zustimmen, dann müssen wir darüber nachdenken, was die Bindung der Offenbarung an die Schrift für den Glauben bedeutet."[1]

"Die sich aus alledem ergebenden Konsequenzen betreffen in erster Linie die Instanz, die sich bisher vom Medienproblem am wenigsten betroffen fühlte, und die sich ihm doch wird stellen müssen, wenn sie die ihr zweifellos bevorstehende Bewährungsprobe in der Auseinandersetzung mit der heraufkommenden Medienwelt bestehen will: die Theologie. Unter dem wachsenden Sinndruck, der von den modernen Medien ausgeht, wird sie nicht länger übersehen können, daß ihr das göttliche Offenbarungswort nicht unmittelbar, sondern nur in der Medialgestalt der biblischen Schriften gegeben ist. Dabei wird sie sich zunächst vor eine kritische Aufgabe größten Umfangs gestellt sehen, da die unreflektierte Gleichsetzung von Schrift und Offenbarungswort eine weitgreifende Mediatisierung der Inhalte und Strategien nach sich zog."[2]

Reflektiert worden sind die Heilsmedien Wort und Schrift (media salutis) zuerst in der Reformation, vor allem durch Luther, dem das rhetorische und literarische Charisma gleichermaßen in die Wiege gelegt worden waren. Wem kommt der Primat zu, dem Wort- oder Schriftprinzip? Solo verbo? Sola scriptura? Luther hat zwar als Redner vor Kaiser und Reich, in Streitgesprächen mit Kollegen (Disputationen), bei Tisch und tausendfach auf der Kanzel Epoche gemacht. Er belieferte aber gleichzeitig mehrere Druckereien mit seinen Manuskripten, weil die Nachfrage auf dem Printmarkt kaum zu sättigen war. Beim Volk, dem er "aufs Maul schaute", hat Luther primär als Schriftsteller reüssiert. Es war eine Lust, ihn zu lesen, dem kriegerischen Elan seiner Feder zu folgen. Die "rebellio lutherana" löste eine rasche Alphabetisierung in den Städten aus, die später vom bibellesenden Pietismus auch aufs Land getragen und noch später durch die Mission in aller Herren Länder exportiert wurde.

In der Reformationszeit selbst ist zwar über Wort und Schrift viel räsoniert worden. Man hat bald das eine, bald das andere Prinzip bevorzugt, je nachdem, was die momentane Kampfsituation erforderte, ohne eine eigene Systemtik daraus zu machen.

---

1. L. Muth: Lesen – ein Heilsweg. Vom religiösen Sinn des Buches, Freiburg, Basel, Wien o.J., S. 22f.

2. E. Biser: Das Buch in medienkritischer Hinsicht, in: Offenbarung durch Bücher?, hg. v. W. Seidel, Freiburg 1987, S. 123.

"Es herrscht zwischen Luthers Berufung auf die viva vox und seinem Beharren auf dem sola scriptura weder ein Verhältnis der Über- noch der Unterordnung noch eines des friedlichen, da notwendigen Nebeneinanders. In seinem Bemühen um Eindeutigkeit fördert Luther eine irreparable Uneindeutigkeit der Sprache zutage. ... Weder die Rede noch die Schrift als solche sind in der Lage, Gottes Wort so mitzuteilen, wie es ist. Der von Gott intendierte Sinn erscheint darum in einer metaphorischen Verschränkung von beiden, im 'buchstabischen tsungen synn'. "Der buchstäbliche Zungensinn – zweideutiger läßt sich die Eindeutigkeit des Heiligen Geistes nicht fassen. Oder umgekehrt: die Schrift soll der mündlichen Rede, die mündliche Rede soll der Schrift die Eindeutigkeit geben, die immer wieder abhanden kommt".[3]

Theoretisch produktiv wurde die Medienfrage erst im 20. Jahrhundert. Ich denke an die "Theologie des Wortes Gottes" nach dem 1. Weltkrieg, auch "Kerygmatheologie" genannt, weil über den Terminus Kerygma (Predigt) an die formgeschichtliche Exegese angeschlossen werden konnte: die Erklärung der biblischen Erzählformen aus ihrem "Sitz im Leben" in der ursprünglich mündlichen Volkstradition (Hermann Gunkel). Am konsequentesten ist das Sprachaxiom von Karl Barth durchgespielt worden:

"Die Vokabel 'Theologie' enthält den Begriff des Logos. Theologie ist eine durch den Theos allererst ermöglichte und dann auch bestimmte Logia, Logik, Logistik. Und Logos heisst nun einmal 'Wort', obwohl Goethes Faust der Meinung war, das Wort so hoch unmöglich schätzen zu können. Das Wort ist nicht die einzige, aber unweigerlich die erste der notwendigen Bestimmungen des Ortes der Theologie. Sie ist ja selbst Wort: menschliche Antwort nämlich".[4]

Gott offenbart sich als absoluter Herr des Wortes. Er sagt, was er ist: "ICH bin, der ICH bin". Selbstoffenbarung = Selbstverwortung = Selbstdiktatur. Deus dixit: Deus! In seinem Ego fallen Aus- und Zusage urkundlich zusammen. "Im Anfang war das Wort (logos), und das Wort war bei Gott (theos) und Gott war das Wort" (theos-logos). Die Bezeichnung "Wort-Gottes-Theologie" ist also ein Pleonasmus, der nur verdoppelt, was die Theo-logie als solche bereits zur Sprache bringt.

Dieser Ansatz hat ein Autonomiebewußtsein hervorgebracht, dessen Produktivität keinen Vergleich scheuen muß. Er kann sich mit der Patristik, der Scho-

---

3. M. Rödszus-Hecker: Der buchstäbliche Zungensinn. Stimme und Schrift als Paradigma der theologischen Hermeneutik, Waltrupp 1992, S. 21. 46f.
4. K. Barth: Einführung in die evangelische Theologie, Zürich 1962, 24f.

lastik, der Reformationszeit oder dem 19. Jahrhundert durchaus messen. Problematisch daran ist nur die fehlende Kehrseite: eine gleichstark elaborierte Schriftlehre. Und das hat Folgen gehabt. Aus der Versprachlichungseuphorie der Wort-Gottes-Theologen ist eine Entschriftung des Heiligen erwachsen, die im Stil der Entzauberungs-, Entgöttlichungs-, Entmythologisierungs- und Entsinnlichungsprogramme des wissenschaftlich-technischen Rationalismus die Erfahrungswelt egologischer Besserwisserei ausgeliefert hat.

Cur Deus orator? Warum mußte Gott den Mund öffnen und zum Redner werden? Darauf ist seit den 20er Jahren viel Überzeugendes gesagt worden. Die Theologie hat an der Hinwendung des Geistes zur Sprache produktiv mitgewirkt ("linguistic turn"). Aber "Cur Deus auctor?" (Ludwig Muth). Warum mußte er überdies zum Skribenten, zum Schriftsteller, zum Buchautor werden? Schwer zu sagen. Die schrifttheoretische Wende, der "graphistic turn" steht noch bevor. Da hat die Theologie einen Nachholbedarf in eigener Sache, wie beim zweiten Blick auf die Gegebenheit des "Deus dixit" schnell sichtbar wird: "Gott sprach: Es werde ... Und es ward". So steht's geschrieben 1. Mose 1,3.

"Im Anfang war das Wort", "en arché én ho logos" (Johannes 1,1). Gott spricht seinen Logos, er schreibt ihn nicht, aber daß er ihn gesprochen hat, steht in der literalen Archäologie des Evangeliums. Die Bibel schreibt, als schriebe sie nicht, sondern spräche, damit man sich das Erlesene vorschriftsgemäß gesagt sein läßt. "Viva vox evangelii" (Luther). "Der Glaube kommt aus dem Gehör und das Gehör aus dem Wort von Christus". Ja, aber dies ist ein Zitat aus der Feder des Paulus: Römerbrief, Kapitel 10, Vers 17.

2 Schrift- nicht Schreibertheologie

In der alt- und neuprotestantischen Schulorthodoxie wird Schriftlehre als Teil der Gotteslehre abgehandelt. Beide lassen sich leiten von der Utopie des leeren Blattes, vor dem einer sitzt und grübelt, womit er es füllen soll. Naheliegend, daß er die Gegenstände nur in seinem Kopf, in der Idee des vorschriftlichen, illiteralen und analphabetischen Intellekts finden könne. Daß es diese Nullpunktsituation nirgends geben kann, weder im Himmel noch auf Erden, weil alle denkbaren Schreiber zuvor Leser gewesen sein müssen, wird aus Sorge um Gottes Souveränität abgeblendet. Der Altprotestantismus bedient sich der Vorstellung vom allmächtigen Diktator, der die Propheten des Alten und die Apostel des Neuen Testaments als Skriptoren in Dienst stellt (Inspirationslehre). Der Neuprotestantismus operiert mit der Idee des Selbstbewußtseins, das allem welthaft elaborierten Gegenstandsbewußtsein a priori zugrundeliegend gedacht werden muß (absolutes, göttliches ICH). Was im Anfang war, kann beide Male nicht die Schrift gewesen sein. Sie ist dem innertheologischen Selbstverhältnis gegenüber etwas Zweites, Abgeleitetes, äußerlich Hinzutretendes, das notfalls auch fehlen kann. Gottes Aseität wäre davon nicht tangiert.

Will man – über diese Position hinausgehend – der Schrift ihrerseits eine theologiebegründende oder -mitbegründende Relevanz zuerkennen, muß der Übergang vom worthabenden zum federführenden Subjekt ins Auge gefaßt werden. Dafür bietet sich ein Kanonsverständnis an, das die Zwiegestalt aus Altem und Neuem Testament im Sinne der auf Paulus, Augustin und Luther zurückgehenden Dialektik von Buchstabe und Geist = Gesetz und Evangelium deutet. Dort die Bildwelt der Lettern, schwarz auf weiß im Satz materialisiert – hier die Klangwelt der Stimme, die den verbrieften Starrsinn zu neuem Leben erweckt, beide verbunden gedacht in der Doppelbewegung des Verschriftens von Gesagtem und der Versprachlichung von Geschriebenem, ohne die Medien priorisieren zu müssen. Was ist eher, das Wort oder die Schrift? Antwort: Lies Johannes 1,1.

Daß Schrift- und Wortprinzip nicht auf Altes und Neues Testament verteilt werden können, geht schon aus dem Einsatz des 1. Buches Mose hervor: "Gott sprach: Es werde ... und es ward". Das Reflexivwerden des Prinzips gehört aber erst dem Urchristentum an: "Gott, der gesagt hat: Aus Finsternis werde Licht, der hat es in unseren Herzen aufstrahlen lassen, daß wir erleuchtet werden durch die Erkenntnis von der Herrlichkeit Gottes auf dem Angesicht Christi ... Bis heute liegt, sooft Mose vorgelesen wird, eine Decke auf den Herzen (der Juden), sobald sie sich aber zum Herrn bekehren, wird die Decke weggenommen. Der Herr nämlich ist der Geist, wo aber der Geist des Herrn ist, da ist Freiheit."[5]

Der sprechendste Beleg für die intermediale Zwiegestalt der Schrift heißt "Evangelium". Marshall McLuhan hat die Sentenz "The medium is the message" geprägt. Medium und Botschaft, die Form, in der eine Nachricht übermittelt wird und deren Inhalt sind – wenn nicht identisch – so doch seinsmäßig untrennbar. Das könnte – obwohl auf die Fernsehkultur gemünzt – bei den Neutestamentlern abgeschrieben worden sein. Die nämlich haben das Junktim von medium und message, literarischer Formierung (Buch) und existentiellem Gehalt (Botschaft) namens "Evangelium" als Charakteristikum des Urchristentums herausgearbeitet.

"Evangelium" heißt von Haus aus gute Nachricht, verlangt also eine Angabe, worin sie inhaltlich besteht. In den urchristlichen Gemeinden wurde daraus der Terminus technicus für die Botschaft von Tod und Auferstehung Christi:

---

5. 2. Korinther 4,6.

Evangelium – das Wort (Logos), die Predigt (Kerygma) von Ostern. Zum
Namen für jene Literaturgattung, in der die Erinnerungen an Jesus schriftlich
verarbeitet worden sind, ist der Ausdruck erst um die Mitte des 2. Jahrhunderts
geworden. Seither gibt es Evangelisten im Plural: die Autoren der verschiedenen
Evangelienbücher (Matthäus, Markus, Lukas, Johannes usw.). Der Doppelsinn
von Schriftform und Inhaltsangabe hat sich so tief in unsere Sprachwelt
eingegraben, daß heute bei der Frage, was "das" Evangelium sei, mit der
Gegenfrage: Welches meinen sie? gerechnet werden muß.

"Wie kam es dazu, daß die schriftlichen Darstellungen der irdischen Geschichte Jesu den Namen Evangelium bzw. Evangelien erhielten, daß aus
dem prägnanten theologischen Begriff eine literarische Bezeichnung wurde?
Dieser Literarisierungsprozeß läßt sich nicht vollständig aufhellen und ist
offenbar auch nicht geradlinig verlaufen. ... Nur ein einzigmal wird im NT
die Geschichte Jesu unter diesen Oberbegriff gestellt, von Markus – 'Anfang
des Evangeliums von Jesus Christus' (1,1) –, der damit in der Tat die
schriftliche Schilderung dieser Geschichte als Heilsverkündigung inter-
pretiert. Man könnte vermuten, daß dieses Vorgehen Schule gemacht hätte,
aber das ist nicht der Fall. Die unmittelbaren Nachfolger des Mk, nämlich
Mt und Lk, sind ihm darin gerade nicht gefolgt. Es ist zwar begreiflich, daß
sie den Satz Mk 1,1, nicht übernehmen konnten, weil ihre Bücher ganz
andere 'Anfänge' hatten, aber es ist bezeichnend, daß sie auch die Wendung
'Evangelium von Jesus Christus' überhaupt nicht, also auch nicht zur
Charakteristik ihrer Jesus-Darstellung gebrauchten". "Man muß als Voraussetzung einen sich allmählich durchsetzenden gemeinschaftlichen Sprachgebrauch vermuten, die schriftlichen Darstellungen der Geschichte Jesu als
'Evangelium', als Heilsverkündigung zu verstehen und zu bezeichnen".[6]

Der literarisch-kerygmatische Zwieklang vom "Evangelium" ist geeignet,
Schrifttheologie als schriftliche Theologie zu verstehen. Sie begreift Gott als
Schöpfer eines Sprachkunstwerks, dessen welthaft materialisierter Zeichenwert
der Bevormundung durch das Sprechersubjekt entwächst, um – wie die
Flaschenpost – auf große Fahrt zu gehen. Schuld an der Emanzipation ist
niemand anders als der Federführende selbst, wenn man es denn seine Schuld
und nicht lieber seine Befreiung aus nichtssagender Egologie nennen will. An
die Stelle der Allmachtsdiktatur tritt das Wagnis eines Geistes, der auf die
testamentarisch gebundene Freiheit des Lesers setzt.

---

6. Ph. Vielhauer: Geschichte der urchristlichen Literatur, Berlin und New York
⁴1978, S. 253. 256.

IV

Literarischer Karfreitag

Die Leiden der göttlichen Autorschaft

Verglichen mit Pflanze und Tier ist der Mensch ein biologischer Schwächling, ein Mängelwesen, das permanent um sich selbst besorgt sein muß. Die fehlende Instinktsicherheit zwingt ihn, eine "zweite Natur"[1] aus Kunststoffen (Kleider, Häuser, Zeichen, Werkzeuge, Maschinen, Institutionen usw.) zu kreieren. Sie wird Zivilisation oder Kultur genannt. Homo sapiens = Homo faber.

Die wichtigste Kulturtechnik heißt Sprache: der Mensch – das sprechende, rationale, logische Wesen. Am Logos wird ihm denn auch die Ambivalenz seiner Selbstschöpfung am schmerzhaftesten bewußt. "Spricht die Seele, so spricht, ach!, schon die Seele nicht mehr" (Friedrich Schiller). Sprechenderweise kehren wir unser Inneres nach außen und übereignen es den Eigengesetzlichkeiten der Grammatik, Semantik und Pragmatik, wo Entfremdungen abgründiger Art lauern. O, hättest du geschwiegen! Kein Sprechen ohne drohendes Versprechen, kein Logos ohne virtuelles Leid und keine Rationalisierung, die nicht das stumme Einvernehmen des Menschen mit sich selbst zerbräche. Mystiker wissen von der Fatalität viel zu sagen.

Drastischer noch werden die ambivalenten Ausdrucksschöpfungen beim Wechsel von der Wort- zur Schriftsprache. Versprechen in der Versprachlichung sind korrigierbar. Man kann sie widerrufen, ohne die Gesprächskompetenz als solche zu verlieren. Eher im Gegenteil. Erfahrung lehrt, daß allzu brilliante Rhetoriker ihre Partner sprachlos oder mundtot machen. Bezeichnet man diese Tatsache mit: Sie "reden wie gedruckt", wäre die Differenz von Wort und Schrift erreicht: Drucken – das graphische Fixieren der Stimme – tötet das lebendige von Angesicht zu Angesicht, läßt das Miteinander im persönlichen Wortwechsel mumienhaft erstarren. Anders als das Sichversprechen ist das Sichverschreiben unrevozierbar. Wer zum Schreibersubjekt wird, hat seine Seele definitiv auf den Starrsinn des Buchstabens festgelegt, fixiert auf das Schwarz-Weiß der Skriptur, was weniger dem Leben als dem Ableben zugute kommt.

---

1. A. Gehlen: Der Mensch, Frankfurt a.M. ⁹1971, S. 38.

Was den Subjektswechsel motiviert, ist die besagte Mangelhaftigkeit des animal rationale. Seine strukturelle Instabilität nötigt ihn, etwas schaffen zu wollen, das die Flüchtigkeit seines Daseins in Raum und Zeit überdauert, etwas Bleibendes, möglichst mit Ewigkeitswert, bis an die Unsterblichen heranreichend. Darauf zu spekulieren, ist uns im Verlauf der Menschheitsgeschichte nahezu unerläßlich geworden – eine Art zweiter Natur, auch wenn das Ob und Wie des Erfolgs nach wie vor in den Sternen steht. Daran hat sich seit den Jahrtausenden der Schriftkultur wenig gebessert. Neben der Ewigkeit des Himmels, in dem Götter wohnen, gibt es weiterhin die des Hades, des Infernos und der Hölle unter den Füßen, wenn der Boden sich auftut und der altböse Feind "Willkommen!" sagt. Wer seine "Seele verschreibt" muß damit rechnen, daß der Teufel assoziiert wird: "... seine Seele verschreiben" und sie "dem Teufel verschreiben" sind nahezu bedeutungsgleiche Phrasen, da umgangssprachlich gesehen das Verschreiben eo ipso des Teufels ist. Es legt Verbindlichkeiten so starrsinnig fest, daß die Seele genannte Eigenbewegung des Lebens unter den Lettern zu Tode erschrickt. "Der Buchstabe tötet ...".

Wem "Himmel- und Höllenfahrt" als metaphorische Bezeichnung für die Wesensambivalenz des Homo scribens zu mythologisch klingen sollten, dem empfehle ich einen Gang durch die Unterwelt von Bibliotheksmagazinen, um anschließend, beim Wiederaufstieg ans Tageslicht die Frage zu entscheiden: Grabmal des Buchstabens oder Denkmal des Geistes?

1 Schöpfung und Fall

Bücher pflegen mit dem Namen ihres Verfassers zu beginnen. Er thront auf dem Titelblatt wie ein Souverän. Er ist die Schrift über der Schrift, ihre Über-Schrift in Gestalt des sich selbst positionierenden Ichs. Wir sehen sie und haben den Herrn und Meister vor Augen, den Schöpfer, Künstler und Produzenten – allmächtig gegenüber seinem Untertan, dem Werk.

Blättert man eine Seite weiter, wird das Projekt konkreter. Auf das Titelblatt folgt das "Vorwort", in dem die Autoren die Intention ihres Opus erklären. Wie ist es entstanden? Welchem Zweck soll es dienen? Worin besteht seine Botschaft? Sie – wenn irgendeiner – müssen es wissen. Und sie tun gut daran, es schnell wissen zu lassen, damit der Leser die Absicht gleich vor Augen hat und nicht am Ende nachfragen muß: Was wollte der Autor eigentlich sagen?

Autor, Titel und Vorwort zusammen machen das Entrée einer Schrift aus. Sie geben auch die Erwartung vor, mit der Leser die Gottesschrift, das Buch der Bücher, die Bibel zur Hand nehmen. Sie beginnt mit der vorwortähnlichen Absichtserklärung des Allmächtigen, des Herrn der Schrift. Gott proklamiert sich selbst als Schöpfer der Welt. "Es werde Licht – und es ward Licht". Gesagt

– getan. Deus dixit. "So er gebietet, so steht's da".[2] Die Welt qua Schöpfung ist ein Gesagtes, ein Sprachkunstwerk, durch das Wort aus dem Nichts ins Sein gerufen (creatio ex nihilo).

Ersetzt man Selbstverwortung durch Selbstdiktatur, wird sprachlich faßbar, wie die Allmachtsfiktion schriftgemäß in die Krise kommt und die Autorenherrlichkeit zu erblassen beginnt. Diktieren meint zum einen die intensivierte Diktion: etwas mit solchem Nachdruck sagen, daß die Hörer Folge zu leisten, dem Gesagten zu gehorchen und der Sprache zu entsprechen, gar nicht umhin können. Deshalb empfiehlt es sich, statt des für Befehle sonst üblichen Imperativs (Du sollst ...) den Indikativ, den Pseudoindikativ zu benutzen, damit der andere gar nicht auf den Gedanken kommt, auch Nein sagen zu können. Zum Beispiel: Es ist Ruhe! Statt: Bitte, seid ruhig. Diese Art des Diktierens liegt dem Phantasma der mosaischen Schöpfung zugrunde. Die creatio ex nihilo ist eine creatio verbi.

Diktieren bezeichnet aber auch das Schreibenlassen, den Wechsel vom Mündlichen ins Schriftliche. Diktieren heißt in die Feder diktieren, so daß die Selbstdiktatur eine Selbstverschriftung durch fremde Hand wäre – und das ist eine Manifestation von Hilflosigkeit. Was den Logos dazu treibt, ist die Flüchtigkeit seines Atems. Worte – und seien sie noch so machtvoll – können eine Bleibe nur in der Schreibe finden. Die des Allmächtigen finden wir ja auch im Quasivorwort zur Schrift, im Präskript der scriptura sacra vor. "Gott sprach: Es werde ..." steht in 1. Mose. Und: "Im Anfang war das Wort ..." steht in Johannes 1 geschrieben. Beide Male, am Beginn des Alten wie des Neuen Testaments, ist das Wort die archäologische Utopie der Schrift, ein skriptural ortlos gemachtes Apriori der Allmächtigkeitsdiktion.

Die Entmächtigung des Souverän läßt denn auch nicht lange auf sich warten. Schon eine Seite weiter beginnt sie, kaum daß man das erste Blatt wendet. Ich denke an die Paradies- und Sündenfallgeschichte von 1. Mose 2f. Sie erzählt, wie Gott durch die ihm selbst unerklärliche Lustlosigkeit Adams zu einer Nachbesserung seines Werkes veranlaßt wurde (die Geschichte mit der Rippe); und daß die Korrektur zum Gegenteil des erhofften Effekts führte: einen mit Scham, Schuld und Unverständnis gefüllten Riß zwischen Mann und Frau, an dessen Unheil die Welt bis heute leidet. Da ist aus dem Herrn der Schrift schon halbwegs ihr Knecht, aus dem Urtäter das Opfer und aus dem Schöpfer der Mitleidende seiner Kreatur geworden. Der Diktator hat sich verschrieben, der Schöpfer sola scriptura erschöpft.

---

2. Psalm 33,9.

Anders gelagert, aber nicht minder tief, ist der Bruch, der die Thora durch-
zieht, die "Tafeln des Gesetzes" aus dem 2. Buch Mose. Ursprünglich von Gott
niedergeschrieben, um die Frucht seiner Gespräche im "Zelt der Begegnung"
allen sichtbar vor Augen zu stellen, eigenhändig durch ihn selbst beglaubigt,
wurden sie von Mose am Boden zerschmettert, als er Israel vor dem goldenen
Kalb tanzen sah. Später ist ersatzweise nur eine Kopie des Originals hergestellt
worden.[3] Das Original selbst hat die Theophanie nicht überlebt. Deshalb
können auch treueste Bibelfreunde kein Autogramm des Allmächtigen vor-
weisen, kein Theographem, das Rückschlüsse vom Schriftbild auf das Seelenbild
des Schreibers zuließe. Die Gebrochenheit des Gesetzes verhindert den Durch-
blick. – Paulus wird daraus seine Dialektik von Geist und Buchstaben entneh-
men (S. 107ff).

2 Inspiration und Stigmatisierung

Explizit geworden ist die Diastase von Gotteswort und Gottesschrift durch die
Propheten, jene zwischen Heil und Unheil, Erwählung und Verwerfung,
Enthusiasmus und Verzweiflung zutiefst gespaltenen Männer, die das Medien-
problem (Oralität – Literalität) in die Religionsgeschichte eingeführt haben.
Das Verb "pro-phemi", von dem die Pro-pheten abstammen, heißt etwas
ankündigen, das aufgrund dessen später in Erscheinung treten soll, meint also
– im Unterschied zur Simultaneität von Wort und Wirklichkeit in der Schöp-
fung – eine Vorwegnahme, Prolepse oder Antizipation. Propheten wären also
Vorhersager. Faktisch haben wir es aber mit Vorherschreibern zu tun, mit
Schriftpropheten, die ihre Gottesworte der Skriptur anvertraut und deren
Realisierung in die Hände von Lesern, nicht in die Ohren von Hörern gelegt
haben.

Was sie zu Schrift-Propheten werden ließ, war die Frustrationserfahrung. Sie
hatten Worte empfangen ("Gehe hin zu ... und sage ihm: 'ICH, Jahwe, sage
dir: Du sollst ...'"), die in der Situation, für die sie bestimmt waren, wirkungs-
los blieben, also eigentlich als "falsch" hätten verworfen werden müssen:
falsifiziert vom prognosewidrigen Lauf der Dinge. Statt dessen haben Jesaja,
Jeremia, Hesekiel usw. zur Feder gegriffen und ihre gesammelten Ohnmachts-
worte in Gottes Namen zu Papier gebracht, um sie für eine situations-
transzendente Zukunft zu präparieren. Das ist der für die spätere Entstehung
der christlichen Kanonsidee (Schrifterfüllung: S. 79ff) grundlegende Vorgang.
Ohne ihn hätte es keinen Christus geben können. "Nimm dir eine Buchrolle
und schreibe darauf alle Worte, die ich zu dir gesagt habe wider Jerusalem,

---

3. 2. Mose 34,27f.

wider Juda und wider alle Völker".[4] "Verwahren will ich die Offenbarung und versiegeln die Weisung". "Mein Wort soll nicht leer zu mir zurückkehren".[5]

Die Verschriftung der Prophetie hat sich auch im Inhalt der Schriftprophetie niedergeschlagen – vor allem in Gestalt ihrer Selbstproblematisierung. Für Menschen, die erwählt werden, unter ihresgleichen als Mundstück Gottes agieren zu sollen, muß das ICH eine Anfechtung sein, in der Sinn und Wahnsinn, Begeisterung und Verzweiflung, Pneumatologie und Pathologie zum Verwechseln nahe beieinanderliegen. Von sozial vermittelter "Identität" kann da keine Rede sein.

Jesaja hat die Antinomie der Inspiration in seinen Liedern vom "Gottesknecht" dargestellt: einem Mann, "der weder Gestalt noch Schönheit" hatte, von Leid und Krankheit gezeichnet war, "zur Schlachtbank geführt wurde, wie ein Lamm" und doch Gerechtigkeit schuf, weil er so die Sünden des Volkes auf sich lud und Sühne für die Zukunft erwirkte. "Darum soll er erben unter den Großen und mit den Starken wird er die Beute teilen".[6] Bei Jeremia wird der Widerstreit autobiographisch gewendet und ans schriftprophetische Ich überwiesen, so daß seine Leser zu Zuschauern und Mitspielern im Drama der Inkommensurabilität von Gott und Mensch werden: "Wehe mir, Mutter, daß du mich geboren! einen Mann des Haders und des Streits für alle Welt. Ich bin nicht Gläubiger und nicht Schuldner und doch verfluchen mich alle". "Stellte dein Wort sich ein, so verschlang ich's; zur Wonne ward mir dein Wort. Zur Freude meines Herzens ward es mir, daß ich deinen Namen trage, Herr, Gott der Heerscharen. Nie saß ich fröhlich im Kreise der Scherzenden; von deiner Hand wurde ich tief gebeugt. Mit Grimm hast du mich erfüllt". "Abgründig ist das Herz, heillos, wer kann es ergründen".[7] – Die Hochform des Inspirationsdramas im Rahmen des Alten Testaments wird das Hiob-Buch sein (S. 45ff).

3 Erniedrigung und Erhöhung

Was die Schriften des Neuen Testamentes von denen des Alten unterscheidet, ist ihr Selbstbewußtsein (Wir sind Schriften!) und ihr Kollektionscharakter: Lies uns als Zusammenlesung des Alten Testamentes! Lies uns als Schrifterfüllung! Dabei meint Fülle sowohl die materiale Vollständigkeit des Kodifizierten (Höhe und Tiefe, Größe und Elend, Licht und Dunkel der Heilsgeschichte) als auch die Beidseitigkeit von All- und Ohnmacht des Wortes, Größe und Grenze des

---

4. Jeremia 36,2.
5. Jesaja 8,6. 55,11.
6. Jesaja 53.
7. Jeremia 15,10.16f. 17,9.

Ich, Originalität und Passion des Deus dixit – Deus scripsit. Die Zwiegestalt heißt "Evangelium". Im Evangelium wird der Gesamtkurs des Alten Testamentes von A bis O neuschöpferisch reflektiert. Man denke etwa an den Prolog, der das Zitat des Schöpferlogos von 1. Mose 1 ("Gott sprach: Es werde...") durchwirkt mit dem seit 1. Mose 2 leitenden Ohnmachtsmotiv: "Im Anfang war das Wort ... aber die Welt hat es nicht erkannt. Es kam in das Seine – aber das Seine nahm es nicht auf."[8] Oder man denke an die Doppelkodierung von "Bethlehem", jenem Ort, wo in finsterster Nacht das Licht der Welt erscheint. Sein Name steht für den Inbegriff der schriftprophetischen Verheißungen: den "Friedensfürsten" im lockigen Haar, glanzvoll wie David: "... von Jesse kam die Art".[9] Steht aber ebenso für den massenhaften Kindermord, den Herodes – der falsche König Israels – begeht, um den Retter zu töten, wie es Pharao in Exodus 2 mit Mose vorgeführt hatte. Auf daß erfüllt werde, was geschrieben steht bei Mose und den Propheten.

Vor allem aber denke man an den Kern der Evangelien: die Peripetie von Kreuz und Auferstehung, Erniedrigung und Erhöhung, Höllen- und Himmelfahrt Christi. Es ist das Gegenstück zur Paradies- und Sündenfallgeschichte in umgekehrter Reihenfolge: erst der Absturz in die Verzweiflung ("Mein Gott, warum hast du mich verlassen") und dann der triumphale Durchbruch in die Höhe. "Er erniedrigte sich selbst und wurde gehorsam bis zum Tod, zum Tode am Kreuz. Darum hat ihn Gott auch über alle Maßen erhöht und ihm den Namen gegeben, der über jedem Namen ist".[10] Im Johannesevangelium läßt der Logos die selbsttätige Erhöhung ironisch zusammenkommen mit der Tötung von fremder Hand: Erhöhung, ja, aber ans Kreuz.[11] Und sein Schlußwort läßt beide, Licht und Finsternis, Kreuz und Glorienschein vollends koinzidieren: "Es ist vollbracht! – neigte das Haupt und übergab den Geist".[12] – Wer abschließend den Herrn der Schrift nach der Absicht bei seiner unfreiwilligen Leidensgeschichte fragen wollte, müßte damit rechnen, daß ihm der Allmächtige unfehlbar nur mit dem anschließenden Pilatuszitat antworten könnte: "Quod scripsi, scripsi".

4 Kreativität und Selbstdementierung

Das neuzeitliche, aus der Kirchenreformation des 16. Jahrhunderts hervorgegangene Christentum wird durch "Schrift" und "Kreuz" bestimmt. Sein

---

8. Johannes 1,1. 10f.
9. Jesaja 11.
10. Philipper 2,8f.
11. Johannes 12,32.
12. Johannes 19,30.

Schriftprinzip markiert die konstitutionelle Traditionskritik: Sola scriptura! Das Heil kommt allein aus den Quellen (Bibel), ohne daß deren Lektüre durch das Lehramt der kirchlichen Tradition ergänzt oder gar bevormundet werden dürfte. Sein Kreuzprinzip steht für die Selbstkritik eines Glaubens, der verborgen, angefochten und widersprüchlich ist. Abraham am Anfang (S. 110) und Pilatus am Ende der Bibel (S. 25) haben ihn ins Bild gesetzt.

Schrift und Kreuz sind denn auch vielfältig elaborierte Themen der Theologie. Ihre wechselseitige Verbindung (die Schrift ist das Kreuz – das Kreuz ist die Schrift[13]) hat aber bislang nur Johann Georg Hamann ernsthaft in Arbeit genommen. Er war der Ziehvater der "Originalgenies" des Sturm und Drang, ist zum Inspirator der modernen Sprachphilosophie geworden und kann heute eine Brücke schlagen von der vormodernen Inspirationstopik zur postmodernen Metaphysikkritik im Zeichen der "Grammatologie" (Derrida). Hamann thematisierte, was aus der Ichidentität wird, wenn man sie vom wortsprachlich artikulierten Vorstellungsvermögen abhebt, um sie an die lektorale Spiegelung im Medium der Schriftsprachenkommunikation zu überweisen. Statt Descartes "Cogito ergo sum" (Ich denke, also bin ich) das Lego ergo sum – Scribo ergo sum: Ich denke, ich lese, ich schreibe? Was also bin ich? Was macht die Einheit meiner Schreibtischsubjektivität aus?

Das Phänomen Hamann kann intellektualgeschichtlich plausibilisiert werden aus einer Koproduktion von altprotestantischer Bibelfrömmigkeit, pietistischer Imitationshaltung und transzendentaler Selbstreflexion. In ihm kommt die gläubige Objektivität von Antike und Christentum zusammen mit dem modernen Ernstnehmen der Mündigkeitspflicht: Praxis pietatis!, testamentarisch verschrieben. "Aus Kindern werden Leute, aus Lesern werden Schriftsteller".[14]

Es entbehrt nicht einer providentiellen Regie, daß der "Magus aus Norden" (Königsberg) seine eigene Autorschaft mit dem Satz begann: "Gott ein Schriftsteller! – – Die Eingebung dieses Buches ist eine eben so große Erniedrigung und Herunterlassung Gottes als Schöpfung des Vaters und Menschwerdung des Sohnes".[15] Damit ist fast alles schon gesagt. Man muß nur den Analogiezauber von A und O durchspielen, um den Grundriß einer bibliomorphen

---

13. In einem Brief des Altöttinger Heiligen, Bruder Konrad, findet sich der Satz "Das Kreuz ist mein Buch". Er wurde formuliert, um den Vorwurf mangelnder Gelehrsamkeit abzuweisen: "Ein Blick auf das Kreuz lehrt mich bei jeder Gelegenheit, wie ich mich zu verhalten habe". – Ich meinerseits habe mich von ihm zur Inversion der Metapher inspirieren lassen: Das Buch ist sein (Gottes) Kreuz.

14. nach J.G. Hamann: Sämtliche Werke, hg. J. Nadler, Bd. II, Wien 1950, S. 341.

15. Sammtliche Werke, Bd. I, Wien 1948, S. 5.

Egologie zu erkennen. Deus poeta – Homo poeta. Weil Gott der Schriftsteller, der Literat, der Dichter vom Anfang der Tage ist, hat der Mensch die ihm bestimmte Gottebenbildlichkeit des dominium terrae ("Herrschet über die Erde und machet sie euch untertan!") mit der Feder zu realisieren. Die Mission wird ihn führen, wohin auch sein Herr und Meister nicht wollte: von der gloriosen Macht des Ich-Ich-Sagens herunter in die Ohnmacht des skripturellen Nicht-Ich.

"Das Genie ist eine Dornenkrone und der Geschmack ein Purpurmantel, der einen zerfleischten Rücken deckt". "Ich weiß, daß meine Muse auf einer glühenden Asche singt, und ihre Feder statt einer Scheibe braucht, um sich zu kratzen".[16] Wer zur Feder oder ähnlichem Schreibzeug greift, um sich auktorial ins Werk zu setzen, hat weniger die Himmel- als die Höllenfahrt zu gewärtigen. Schreiben ist ein Sterbenlassen von eigener Hand (manu scriptum). Sein Reflex auf dem Papier wird für den Autor zur Hiobsbotschaft und bestenfalls zum literarischen Karfreitag, um Lebenshoffnung gegen den Augenschein zu inspirieren. Es bedarf nicht erst der Kritiker, das wissen zu lassen. Erkenne dich selbst, beuge dich nieder, schau in den Spiegel deines Grabmals.

Das Nachwort von Hamanns bekanntestem Text ("Aesthetica in nuce") lautet: "Als der älteste Leser dieser Rapsodie in kabbalistischer Prosa seh ich mich vermöge des Rechts der Erstgeburt verpflichtet, meinen jüngeren Brüdern, die nach mir kommen werden, noch ein Beispiel eines barmherzigen Urteils zu hinterlassen, wie folgt: Es schmeckt alles in dieser ästhetischen Nuß nach Eitelkeit!"[17]

---

16. J.G. Hamann: Briefwechsel, hg. Ziesemer/Henkel, Bd II, 1956, S. 157. 168.
17. Sämtliche Werke, Bd. II. S. 217.

V

Ich, Gottlieb Hiob, aus dem Lande Uz

Das Buch im Buch

Das Auffälligste an der Bibel ist ihre Zweisprachigkeit: Hebräisch – Griechisch und die damit einhergehende Polarität von alt und neu, neu und alt. Eine biblische Wissenschaft wird also vor allem die Doppelung von Veralterung und Erneuerung, Anciennitäts- und Novitätsprinzip zu erklären haben. Eines ist die Kehrseite des anderen. Erfüllung heißt der Gedanke, unter dem das Urchristentum beides zusammengefaßt hat.

Ehe die neutestamentlichen Erfüllungsgestalten zur Sprache kommen, gilt es, einen Vorläufer im Alten Testament zu ehren: den Hiob des Hiobbuches, eine literarische Gestalt von einsamer Größe. Sie zeigt prototypisch, wie die zitative Treue gegenüber dem Alten mit rebellierender Innovation zusammenfindet. So nämlich, daß der Gottesgedanke selbst in dieser Transformation zu Stand und Wesen kommt. Wir haben es mit einem Stück theogoner Literatur, mit Schrift-Theologie im starken, poetisch-generativen Sinn des Wortes zu tun. Statt den Gottesgedanken im Ideenhimmel abstrakt vorauszusetzen, wird er durch das erzählte Geschick des Gottesstreiters fiktional inszeniert, damit der Leser seinem Helden nachfolge. Und wer ist der Held? Schwer zu sagen. Das Schauspiel auf dem Papier verstrickt auch den Allmächtigen selbst in die Folgen seines Tuns. Hiobs Drama ist Gottes Drama, präfiguriert also jenes "theodramatische" Denken (Hans Urs von Balthasar), das nachher im großen Maßstab vom Neuen Testament vorgeführt wird.

Was die altorientalische Botschaft dem Leben zu sagen hat, ist schnell abgerufen: Wer von einer *Hiobsbotschaft* ereilt wird, darf erwarten, daß ihn die Überbringer in seiner Not nicht allein lassen. Sie werden ein zweites Mal in den Sprichwortschatz greifen und hinzufügen: "Da kann man nur noch beten!" In Atmosphären lähmenden Schreckens, wenn schlagartig klar wird, daß es keine Selbsthilfemöglichkeiten mehr gibt, empfehlen Menschen einander das Beten als *ultima ratio*. Gleichwohl will es gelernt sein. Auch Beten ist eine Kunst, die sich nicht von selbst versteht, als ob sie uns von Natur angeboren wäre. Der Begriff *Hiobsbotschaft* erinnert an den alten, nahezu ewigen Orient: den Patriarchen der biblischen Gebetsdramatik. Ihn beruft man als Helfer für die Not, welche Beten lehrt, um nicht präzedenzlos den letzten Einsatz zu wagen. "Mein Gott!" – Hiobs Gott!

Der Botschaft erster Teil liegt in der Potenzierung des Unglücks durch den Betroffenen selbst. Er wirft die Begründungsfrage auf: Warum mußte es mich treffen? Womit habe ich das verdient? Ich, Hiob, bin mir keiner Schuld bewußt. Es ist Unrecht. Der zweite Teil öffnet die religiöse Dimension des Vorfalls: Menschen verdienen ihr Unglück so wenig wie ihr Glück. Deshalb ist Leid, das ihnen zustößt, nichts prinzipiell anderes als der Lebenshunger in aller Kreatur. Es sei denn, sie schreien ihr Unrecht gen Himmel, daß man dort, um das Gesicht zu wahren, eine Antwort schuldig wird. Der dritte Teil schließlich läßt das Ganze als Spiel erscheinen, wenn auch eines von der ernstesten, der poetischen Art. Und daraus ist noch nie einer schadlos hervorgegangen – am wenigsten der Initiator. Wer das in Hiobs Fall sei, ist allerdings fraglich. Ein Nullsummenspiel wird inszeniert, dessen Warum und Wozu im unvergeßlichen Nichtsnutz jenseits von gut oder böse verhallt.

1 Warum? Der Sprache Leid sein

Die Geschichte ist schnell erzählt. Sie spielt "im Lande Uz", irgendwo im Orient, der überall und nirgends, immer und niemals ist: Es war einmal ein Frommer, ein rundum guter Mann, menschenfreundlich, gottesfürchtig und dem Glauben seiner Väter treu. Reich mit allen Gütern dieses Lebens war er gesegnet, daß sein Füllhorn überlief: sieben Söhne, drei Töchter, das Tausendfache an Vieh, dazu die entsprechende Dienerschar. Kurzum: Er residierte in einem nahe dem Paradies gelegenen Idyll.

Dieser Mann nun wurde jählings von jenen Schlägen ereilt, die ihn sprichwörtlich gemacht haben. Er verlor an einem Tag durch Kriegsgewalt und Naturkatastrophen alle Kinder, Hab und Gut. Einer nach dem anderen kamen sie, die Knechte, ihm die Schreckensbotschaft zu übermitteln, jeweils mit dem Refrain endend: "... und ich ganz allein bin entronnen, es dir zu melden."[1] Die Einsamkeit des Entkommens – das erste Leitmotiv – war damit angeschlagen. Aufgehalten vorerst nur vom Weib, das dem Betroffenen erhalten blieb. Es drängte ihn, seiner Frömmigkeit abzuschwören, da sie ihm zu nichts nutze sei: "Fluch Gott und stirb!"[2]

Noch ehe er sich von dem Schlag erholen konnte, folgte der nächste, der ihm distanzlos auf den Leib rückte: er wurde von Kopf bis Fuß mit ekelerregendem Aussatz überzogen und den Boten gleich – nämlich einsam. Materielle Verarmung und soziale Quarantäne sind schmerzhaft genug, lassen aber den Menschen insoweit unversehrt, als er sich auf seine Integrität als Individuum

---

1. Hiob 1,15.
2. Hiob 2,9.

zurückziehen kann. Den Regreß verhindert erst die Krankheit, welche *unter die Haut geht*, weil sie Leiden schafft, die das Subjekt zerreißen. So wird Hiob zum leibeigenen Grauen. Nach dem Entsetzen der Aussatz. Er "nahm eine Scherbe, sich damit zu kratzen, während er mitten in der Asche saß,"[3] sieben Tage, sieben Nächte lang – ohne ein Wort zu sagen.

"Darnach aber öffnete Hiob seinen Mund, verfluchte den Tag seiner Geburt, hob an und sprach:

Vernichtet sei der Tag, an dem ich geboren wurde
und die Nacht, die sprach:
Empfangen ist ein Knabe.
Jener Tag – er werde Finsternis
nicht frage nach ihm Gott in der Höhe,
und nicht erglänze über ihm ein Lichtstrahl!
Ihn fordere ein die schwarze Finsternis,
es lagere sich auf ihn dunkles Gewölk
ihn schrecke Tagesverdüsterung....
Warum starb ich nicht bei meiner Geburt
verschied nicht, als ich aus dem Mutterschoß kam?
Warum nahmen mich Kniee entgegen
und wozu Brüste, daß ich sog?
So läge ich nun und wäre stille
ich schliefe, da hätte ich Ruhe,
mit Königen und Räten der Erde
die sich Grabmäler erbauten,
oder mit Fürsten, reich an Gold
die ihre Häuser mit Silber füllten
Oder ich wäre verscharrter Fehlgeburt gleich,
wie Kindlein, die niemals das Licht geschaut."[4]

Was nach einer Woche atemlosen Entsetzens aufschreit, ist die Antischöpfung. In Notwehr handelnd, greift Hiob zum Fluch. Er verwünscht, was ist. Statt Gottes *Fiat lux*: "Es werde Licht und es ward Licht"[5] das widergöttliche *Fiant tenebrae*: "Jener Tag – er werde Finsternis". Da das Leben unerträglich wird, soll die Stunde seiner Empfängnis aus dem Grundbuch der Dinge gelöscht werden.

---

3. Hiob 2,8.
4. Hiob 3,1-5. 11-16.
5. Genesis 1,3.

Wenn es denn möglich wäre. Das aber ist nicht der Fall, lautet die erste Lektion, die der Gepeinigte zu lernen hat. Sein Annihilationsfluch scheitert. Resonanzlos prallt er an der Realität ab. Über Sein oder Nichtsein wie der Schöpfergott zu verfügen, ist Menschen unmöglich. Sie haben Sprache, aber nicht die Kraft, mit ihr das *brutum factum* des Am-Leben-Seins zu dementieren.

Die Selbstverwünschung des Daseins scheitert also. Stattdessen wird Hiob auf die Strittigkeit seines Soseins verwiesen, auf den Rechtsweg, der nach Gründen fahndet, die Täter zu verantworten haben – Übeltäter. Man muß sie nur ausfindig machen und zur Rede stellen. Deshalb folgt der Fluchszene ein Tribunalisierungsprozeß, der sich nach mehr als dreißig Kapiteln zur Theodizee, zum Gottes-Gericht aufgipfelt.

Zunächst scheint Hiob alle Trümpfe in der Hand zu haben, denn er ist der Geschädigte. Das löst seine Aphasie und macht ihn eloquent, wie alle werden, die sich im Recht wähnen. Dabei muß er – zweite Lektion – realisieren, daß Beredtsamkeit höchst ambivalent sein kann. Eine Not, die schreit, hat das Erste schon hinter sich, das Schlimmste aber steht ihr noch bevor: eine Versprachlichung nämlich, die auf dem Weg vom Schluchzen, Wimmern und Jammern bis zur Klage, Anklage und Beschuldigung das Erlittene zunehmend rationalisiert. Folgerichtig geht eines ins andere über, auch wenn die Schmerzen steigen, statt zu fallen. Sie potenzieren sich in der Reflexion. Zum physischen und psychischen Leid externen Ursprungs kommt das intellektuelle – und das ist endogen, ist selbstgemacht. Erfahrung lehrt es: wer den Schaden hat, braucht für die Schuld nicht zu sorgen. Sie findet sich von allein ein. Man muß nur das *Unde malum?* zu ergrübeln anfangen. Warum? Was ist der Grund? Woher kommt mir das Böse? *Bewußt* gemachtes ist bewußt *gemachtes* Leid, das aus Opfern Täter werden läßt, und Schuldlose zu Schuldigen an sich selbst macht. Nicht moralisch schuldig, als ob Gebote übertreten worden seien, vielmehr reflexionslogisch. Von einer Bringschuld in Form der Warum-, der Grund- und Zweckfrage, mit der das Ich sich selbst belastet, ohne fremde Instanzen dafür haftbar machen zu können, ist die Rede. Sie bestimmt den weiteren Gang der Dinge.

Von nah und fern kommen die Freunde, Hiob Beistand zu leisten, ihm leiden zu helfen. Eine Klangwelt bauen sie auf, ihn seinen Schmerz darin verströmen und durch physische Erschöpfung Ruhe finden zu lassen. Das schulden wir einander, solche Hilfen gehören zur Solidaritätspflicht. Sie sind aber eine zwiespältige Wohltat, da gesprächiges Mitleid Voraussetzungen, Umstände und Folgen ausbreitet, die geeignet scheinen, den Schaden zu plausibilisieren, damit der Betroffene seinen Fall verstehen lernt. Man möchte ihm behilflich sein, sein Unglück als irgendwie sinnvoll anzunehmen, damit das Betroffensein zum Gemeintsein wird, zur religiösen *Fügung*.

Diese in jeder Trauerarbeit angelegte Rationalitätsannahme ist in Hiobs Fall entschieden unbegründet. Er ist sich keiner Schuld bewußt. Deshalb enden die in bester, in tröstlich lindernder Absicht beginnenden Dialoge mit heillosem Streit. Aus Freunden werden Feinde, die einander die Schuld an der Perversion ihres Redens zuweisen, ohne den Grund dafür durchschauen zu können. Er liegt in der Verrechtlichungstendenz der Diskursrationalität als solcher.

Nicht daß Eliphas, Bildad, Zophar und der später hinzutretende Elihu therapeutisch inkompetent wären. Die Rituale der Leidklage beherrschen sie durchaus, wissen auch, wie sensible Analytiker, nach Ursachen zu fahnden, die im Unterbewußtsein liegen könnten, um Hiob durch Tiefenaufklärung an eine höhere Moralität seines Geschicks glauben zu lassen. Nur argumentieren sie mit einer Seinsordnung, in der es dem Guten gut und dem Schlechten schlecht ergehen soll, was Hiob von sich zu weisen vollauf berechtigt ist.

"Und Elihu hob an und sprach:

Wo ist ein Mann wie Hiob
der Lästerung trinkt wie Wasser,
der hingeht, sich zu den Uebeltätern zu
gesellen
und mit den Gottlosen zu wandeln?
Denn er sagt: 'Dem Menschen nützt es nichts
wenn er Gott gefällig lebt.'
Darum, ihr Verständigen, höret mir zu!
Fern sei es von Gott, daß er Unrecht tue,
und vom Allmächtigen, daß er frevle!
Nein, er vergilt dem Menschen nach seinem Tun,
nach seinem Wandel läßt er's jedem ergehen.
Denn das ist gewiß: Gott tut nicht Unrecht,
und nicht verdreht der Allmächtige das Recht.
Wer hat ihm die Erde anbefohlen
und wer ihn gesetzt über den ganzen Erdkreis?"[6]

"Hiob aber antwortete und sprach:
Solches habe ich oft gehört.
Leidige Tröster seid ihr alle!...
Wie lang wollt ihr meine Seele quälen

---

6. Hiob 34,7-13.

und mit Gerede mich zermalmen?
Zehnmal schmäht ihr mich
und schämt euch nicht, mich zu mißhandeln."[7]

Die Freunde räsonieren mit der Erhabenheitstopik: Gott ist der Allmächtige,
Allwissende, Allgegenwärtige, Allgütige – oder wie immer die Pan-Formeln
lauten mögen. Hiob kann sie nur als zynisch empfinden. Er pocht auf die
Gewißheit des 1. Gebots: "Ich bin der Herr, dein Gott". *Mein* Gott also, was
Recht und Pflicht begründet, ihm das erlittene Leid zurückzuspiegeln. Denn
"was heißt, einen Gott haben: oder, was ist Gott? Antwort: Ein Gott heißet
das, dazu man sich versehen soll alles Guten, und Zuflucht haben in allen
Nöten; also, daß einen Gott haben nichts anderes ist, denn ihm von Herzen
trauen und glauben; wie ich oft gesagt habe, daß allein das Trauen und
Glauben des Herzens machet beide, Gott und Abgott."[8]

"Hiob antwortete und sprach:
Gilt denn Menschen meine Klage?
Und warum sollte ich nicht ungeduldig sein?
Wendet euch zu mir her und entsetzt euch
und legt die Hand auf euren Mund!
Ja, wenn ich daran denke, so bin ich bestürzt,
und meinen Leib erfaßt ein Zittern,
Warum bleiben die Gottlosen leben
werden alt, ja nehmen zu an Kraft?....
Sie verbringen ihr Glück, ihre Tage
und in Frieden fahren sie zum Totenreich;
und sie sprechen doch zu Gott: 'Weiche von uns!
deine Wege zu kennen, verlangt uns nicht.
Was ist der Allmächtige, daß wir ihm dienen sollten?
Und was nützt es uns, wenn wir ihn bitten?'.....
Ich schreie zu dir, doch du erhörst mich nicht;
ich stehe (vor dir), und du achtest nicht mein.
Du wandelst dich mir zum grausamen Feinde;
mit gewaltiger Hand befehdest du mich,
hebst auf den Sturm mich, lässest mich dahinfahren,
lässest mich zergehen ohne Rettung.
Ja, ich weiß: dem Tode willst du mich zuführen,
dem Hause, wo alles Lebende sich einstellt.
Doch streckt nicht ein Versinkender die Hand aus

---

7. Hiob 16,2. 19,2f.
8. M. Luther: Ausgewählte Werke, Bd. III, München hochstellen 31962, S.193.

und schreit er nicht bei seinem Untergang?
Oder weint nicht der, der schwere Zeiten hat?
Ist nicht in der Seele verkümmert der Arme?
Denn Gutes erhoffte ich, und Böses kam;
ich harrte auf Licht, und es kam Finsternis."[9]

Der Disput mit den Freunden kann zu keinem Ergebnis führen, weil in verschiedenen Welten argumentiert wird: dort die ordnungstheologisch begründete Vergeltungsdoktrin – hier das Pochen auf die unhintergehbare Eigenerfahrung. Dennoch ist der Streit folgenreich. Er enthüllt Hiob die selbstbewußtgemachte Grundlosigkeit seines Falls und läßt ihn schuldlos an seiner Verzweiflung mitschuldig werden. So einem ist unter Menschen nicht mehr zu helfen.

Recht und Unrecht, Unschuld und Schuld heillos ineinander verstrickt ergeben die Sprachnot, welche beten lehrt – jenseits aller ordnungstheologischen Litaneien. Hiob ruft den Himmel selbst zum Zeugen wider das himmelschreiende Unrecht an. So wird aus dem Streit unter seinesgleichen ein religiöses Tribunal, vor dem der Allmächtige selbst zu erscheinen nicht umhin kann, weil der Leidende ihn in provozierender Absicht verhöhnt.

"Ach, daß ich einen hätte, der mich hörte!
Hier meine Unterschrift.
Der Allmächtige gebe mir Antwort!
Hätt' ich die Klageschrift, die mein Widersacher schrieb!
Wahrlich, auf meine Schulter wollt' ich sie heben.
als Kranz sie um das Haupt mir winden."[10]

2 Wettern. Unanfechtbare Anfechtung

Hiobs Botschaft zweiter Teil – die Theodizeefrage – zählt zu den beschwerlichsten Stücken der Religionsgeschichte. Wie konnte Gott das Böse zulassen? Darauf wird mit dem Wechsel vom rationalen zum ästhetischen Diskurs geantwortet. Ein Salto mortale in den kosmoästhetischen Immoralismus findet statt. – Was legitimiert ihn?

Zur *Schöpfung* gehört traditionellerweise das Befragungsmonopol des Schöpfers. Er ist durch seine Weltkausalität berechtigt, das Geschöpf zur Rede zu stellen,

---

9. Hiob 21,4-7. 13-15. 30,20-26.
10. Hiob 31,35f.

ohne – wie es die Wechselseitigkeit von Frage und Antwort im Dialog impliziert – seinerseits darin fraglich zu werden. "Adam, wo bist du?"[11]

Anders in Hiobs Fall. Ihm gelingt es, was die monokausale Schöpfungsidee nicht vorsieht und was die Erhabenheitsrhetorik der Freunde als hybrid abzukanzeln trachtet: den Allmächtigen zu selbsteigener Stellungnahme zu nötigen: Gott, wo bist du? Jedes In-Frage-Stellen impliziert der Gesichtshaftigkeit wegen das forensische Zur-Rede-Stellen. Gesichtet- heißt Gerichtetsein, weil der Gefragte unter die Schuld, die Bringschuld des Was?, Wann?, Wo?, Wie?, Warum? und Wozu? gestellt wird. Der Fragende legt sie ihm zur Last. Wer etwas nicht weiß, was er wissen möchte, aber einen kennt, von dem er meint, der müßte es wissen, der projiziert seine Negativität in den anvisierten Partner und belastet ihn mit der Erwartung, das Fehlende hergeben zu sollen, damit der Mangel ausgeglichen werde. Beim Befragten unterstellt der Fragende eine kognitive Fülle und beansprucht deren Herausgabe, das eigene Nichtwissen damit zu befriedigen. Seien es Informationen, die man Ortskundigen abverlangt, seien es Kenntnisse aus dem Fundus des Experten, seien es zurückgehaltene Hintergrundmotive bei Verstehensfragen, seien es Heimlichkeiten von jenseits der Intimitätsschwelle oder sei es, wie im kriminalistischen Extremfall, das Geständnis, das Eingeständnis, der gesuchte Übeltäter zu sein. Allenthalben belasten Fragende ihre Gegenseite mit der Verpflichtung, die Äquivalenz von Rede und Antwort herzustellen.

Diese Gleichstellung der Niveaus liegt zwischen der eingeklagten Theodizee und der sie beantwortenden, aus der Defensive des Apologeten herkommenden Theophanie. Dem wetternden Hiob "antwortete der Herr aus dem Sturm"[12]. Gleiches zu Gleichem. Er tut es mitnichten spontan, wie das Souveränitätsaxiom im Begriff göttlicher Offenbarung gemeinhin postulieren würde, vielmehr als Schuldner des Versprechens: "Rufe mich an in der Not, so will ich dich erlösen"[13]. Hiob testet das Psalmzitat. Er macht Gott bewußt, welchen Preis die übereignete Erhörungsgewißheit hat, verstrickt ihn also in sein verpfändetes Ehrenwort. Das wird ihm höchsten Ortes als einzigartig anerkannt. – Form und Inhalt der Offenbarungsrede zeigen, daß sie nicht ganz aus freien Stücken erfolgt: Gott ist im Zugzwang.

Auf die erhobenen Anschuldigungen wird mit keinem Wort eingegangen. Nichts vom Aufruhr der Seele wird disqualifiziert. Unwidersprochen bleibt ihre Qual im Raum stehen. Hiob erhält, was er verlangt: Antwort. Die Kommensu-

---

11. Genesis 3,9.
12. Hiob 38,1.
13. Psalm 50,15.

rabilität wird hergestellt, aber in einer Form, die das Kräfteverhältnis innerhalb der Dialogsymmetrie vertauscht, so daß er sich in der Rolle des maßlos Unterlegenen weil Überfragten wiederfindet. Der aus dem Sturm Wetternde revanchiert sich für seine fraglich gemachte Unbefragbarkeit mit einer Serie von Gegenfragen, die für den Herausforderer unbeantwortbar sind:

"Da antwortete der Herr dem Hiob aus dem Wetter und sprach:
Wer ist's, der da verdunkelt den
Ratschluß mit Reden ohne Einsicht?
Gürte doch wie ein Mann deine Lenden;
Ich will dich fragen, und du lehre mich!
Wo warst du, als ich die Erde gründete?
Sag an, wenn du Bescheid weißt!
Wer hat ihre Maße bestimmt – du weißt's ja! –
oder wer die Meßschnur über sie ausgespannt?
Worauf sind die Pfeiler eingesenkt,
oder wer hat ihren Eckstein gelegt,
als die Morgensterne allzumal frohlockten
und alle Gottessöhne jubelten?
Wer hat das Meer mit Toren verschlossen,
da es hervorbrach, aus dem Mutterschoß kam?"[14]

Die Offenbarungsrede hat die Form eines kosmophanen Hymnus. Wie ein Kind mit leuchtenden Augen durch den Zoo geht und zwischen Krokodilsbecken und Adlerfelsen von einem Erstaunen ins andere fällt, breitet der Schöpfer die Wunder der Kreatur vor seinem Knecht aus. Nicht daß er es besser wüßte als der Überfragte. Die Phänomene sind gar nicht von der Art, daß sie aus irgendwelchen Intentionen erklärt werden könnten. Ihre ästhetische Präsentation fällt zusammen mit dem rhetorischen Entzug der auktorialen Befragbarkeit. Sie ergeben die Textur der Welt, hinter der ihr göttlicher Autor in die Verborgenheit zurücktreten kann, um Hiob eine nichts rechtfertigende aber alles entschuldende Lektion über die Geschäftigkeit der Vorsehung zu erteilen. Gott versteckt sich hinter der selbstredenden Fragwürdigkeit des liber naturae, wie er sich anfangs hinter dem Wettspiel mit seinem himmlischen Satan versteckt hatte.

"Wer zählt die Wolken mit Weisheit ab,
und die Schläuche des Himmels, wer schüttet sie aus,
wenn der Boden hart wird wie ein Guß
und fest die Schollen aneinander haften?

---

14. Hiob 38,1-8.

Erjagst du dem Löwen die Beute
stillst du den Hunger der Jungeulen,
wenn sie sich in den Höhlen ducken
und im Dickicht auf der Lauer liegen?
Wer bereitet dem Raben seine Speise,
wenn seine Jungen zu Gott schreien,
aus Mangel an Nahrung umherirren? ...

Munter schlägt der Strauß seine Flügel;
ist's aber fromme Schwinge und Feder?
Er überläßt ja seine Eier dem Boden,
läßt die Erde sie ausbrüten
und vergißt, daß sie ein Fuß zerdrücken,
das Wild des Feldes sie zertreten kann.
Hart ist er gegen seine Jungen, als wären sie nicht sein;
war umsonst sein Mühen, ihn kümmert's nicht.
Denn Gott ließ ihn die Weisheit vergessen
und gab ihm nicht Anteil an der Einsicht.
Zur Zeit, wenn er in die Höhe sich peitscht,
verlacht er das Roß und seinen Reiter
Gibst du dem Rosse die Stärke?
Kleidest du seinen Hals mit der Mähne?
Machst du es springen wie die Heuschrecke?
Sein majestätisches Schnauben, wie furchtbar!
Es scharrt im Talgrund und freut sich;
mit Kraft zieht es aus, den Waffen entgegen.
Es lacht der Furcht und ist unverzagt;
es weicht nicht zurück vor dem Schwerte.
Ueber ihm klirrt der Köcher,
der blitzende Speer und der Wurfspieß.
Mit stürmischem Ungestüm schlürft es die Strecke;
es hält nicht still beim Schall der Posaune.
Sooft die Posaune ertönt, ruft es: Hui!
Von ferne wittert es die Schlacht,
das Donnern der Führer und das Kriegsgeschrei.

Siehe doch das Flußpferd, das ich schuf wie dich:
Gras frißt es wie das Rind.
Siehe doch, welche Kraft in seinen Lenden
und welche Stärke in den Muskeln seines Bauchs!
Steif macht es seinen Schwanz wie eine Zeder;
die Sehnen seiner Schenkel sind verschlungen.
Seine Knochen sind Röhren von Erz,

seine Gebeine wie Stäbe von Eisen.
Das ist der Erstling von Gottes Schaffen,
gemacht zum Beherrscher seiner Genossen.”[15]

Zweckmäßig kann die Welt in keiner Weise begriffen werden. Nicht einmal der Selbstzwecklichkeit Gottes untersteht sie. Sonst hätte er die Form magistraler Lehrsätze wählen und auf die Suisuffizienz seiner absoluten Subjektivität verweisen müssen: “Soli Deo gloria!” Statt dessen wird der Geschöpflichkeit wegen die hymnische Frageform gewählt. Und das birgt die Lösung des Hiobrätsels, wenn man es denn eine Lösung nennen darf: im Juridischen gelöst – im Ästhetischen gebunden. Aus der selbstquälerischen Rechtsvernunft entlassen, um in die Seinswahrnehmung *sub specie Dei* hineingestellt zu werden, freigesprochen, sie mit gottebenbildlichen Augen zu sehen.

Nach Gerechtigkeit zu schreien, ist menschlich, weil natürlich, deshalb aber auch nichts Besseres als der Trieb von Hunger und Durst in aller Schöpfung. “Hungern und Dürsten nach Gerechtigkeit.”[16] Es irrt, wer glaubt, das Bewußtsein stünde Gott näher als die Vitalität und daß die Leiden, welche die Reflexion sich selbst zufügt, das Liebste an der Schöpfung seien. Weit gefehlt. “Siehe doch das Flußpferd, das ich schuf wie dich: Gras frißt es wie das Rind.” “Wer bereitet dem Raben seine Speise, wenn seine Jungen zu Gott schreien?” “Munter schlägt der Strauß seine Flügel; ist’s fromme Schwinge und Feder?” Der Mensch, das “betende Tier”, sagt es auf seine Weise: die Tiere beten auch. Was unseresgleichen vor ihnen auszeichnet, ist nur die Erwartung, sich selbst auf die Selbstverständlichkeit dieses Tuns und Ergehens verstehen zu lernen. Das ist eine Kunst, die nur der Allmächtige selbst lehren kann. – *Hiob docet!*

“In Elohims Rede klingt zwar ungefähr alles mit an was man aus der Sachlage heraus von selbst erwarten würde: Berufung und Hinweis auf Elohims überlegene Macht, auf seine Hoheit und Größe, auch auf seine überlegene Weisheit. Die letztere würde sofort eine plausible *rationale* Lösung des ganzen Hiob-Problemes ergeben, wenn sie sich etwa vollendete in Sätzen wie: ‘Meine Wege sind höher als Eure Wege. Mit meinem Tun und Handeln habe ich *Zwecke*, die ihr nicht versteht’ – etwa die Zwecke der Prüfung und Läuterung des Frommen, oder Zwecke für das Ganze überhaupt, dem sich der Einzelne mit seinen Leiden einfügen muß. Von *rationalen Begriffen* her *lechzt* man förmlich nach einem solchen Ausgange der Unterredung. Aber nichts dergleichen erfolgt, und derartige zweckweisende Erwägungen und Auflösungen sind durchaus nicht der Sinn des

---

15. Hiob 38,37-41. 39,13-25. 40,10-14.
16. Matthäus 5,6.

Kapitels. Im letzten Grund beruft es sich auf etwas gänzlich anderes, als was in rationalen Begriffen erschöpft werden kann: auf die über allem Begriff, auch über dem Zweck-Begriffe liegende *Wunderbarkeit* selbst und schlechthin, auf das Mysterium in reiner irrationaler Gestalt, und zwar sowohl als das mirum wie als das paradoxon. Hierfür reden die herrlichen *Beispiele* eine sehr deutliche Sprache. Der Adler, der auf den Felsen horstet, auf des Felsens Zacke und Hochwacht, der seinen Fraß erspäht, dessen Junge Blut schlürfen und 'wo Erschlagene sind, da ist er', ist wahrlich kein Beispiel für *zwecksinnige* Weisheit, die alles 'klüglich und fein bereitet'. ... Vielmehr ein unaussprechlicher positiver Wert und zwar ein objektiver wie ein subjektiver Wert des Unbegreiflichen wird fühlbar: sowohl ein admirandum und adorandum als auch ein fascinans. Dieser Wert wird nicht ausgeglichen mit den Gedanken menschlicher verständlicher Zweck- oder Sinn-Suche und ihnen nicht angeglichen. Er bleibt in seinem Geheimnis. Aber indem er fühlbar wird, ist dennoch zugleich Elohim gerechtfertigt und Hiobs Seele gestillt."[17]

Was über den Helden niedergeht, heißt in der Dramentheorie *Katharsis*: ein reinigendes Donnerwetter für die tragische Subjektivität, sichtend und richtend, strafend und rettend, läuternd und klärend, um der Schwere des Lebens gewachsen zu sein. Höchstrichterlich und deshalb unanfechtbar ist das Gottesurteil. Aber: einen versöhnlichen Gedanken enthält es nicht – und das ist zur größten Anfechtung in der literarischen Religionsgeschichte geworden. Erlösung? Ja! Versöhnung? Nein! Unversöhnte Erlösung. Angefochtene Unanfechtbarkeit. Hiob wird befreit von der rechthaberischen Obsession, die er über Himmel und Erde gebracht hat, mehr nicht. Das Wenige gleicht dem Segen, trotz unvernarbter Hiobsbotschaften den Kopf wieder heben zu können, um übers Wetter zu reden.

3 Umsonst. Der Dichter Glaube

Hiob ist keine historische Größe, wie Cäsar oder Napoleon es waren, auch keine semihistorische, aus Dichtung und Wahrheit gemischt, wie Mose oder Homer, vielmehr eine Kunstgestalt, reine Poesie, vom Dichter frei erfunden. Genauer gesagt: von deren zwei – und zwei sehr verschiedenen. Das Buch Hiob besteht aus disparaten Teilen, wie man auch ohne historisch-kritischen Gelehrtenverstand erkennen kann. Ein Blick zum Schriftbild genügt.

Den Rahmen bildet eine Novelle in Prosa, ganzzeilig gedruckt. Sie erzählt eine Versuchungsgeschichte, die der Geprüfte mit heroischer Bravour durchsteht,

---

17. R. Otto: Das Heilige, München hochstellen 351963, S.98f.

ohne Zögern, ohne Zweifel, wie ein Heiliger. Anfechtung kennt er nicht. Sein Gottvertrauen ist blindlings stark. Es immunisiert ihn gegen alle Irritationen. Fast wortlos, den Mystikern gleich, nimmt er das Unglück hin. Kein Entsetzen, kein Verstummen, kein Aufschrei, keine Rebellion, kein Warum. "Der Herr hat's gegeben, der Herr hat's genommen, der Name des Herrn sei gelobt",[18] lautet seine Antwort. Was kein Gebet ist, vielmehr ein meditativ bekundetes Urvertrauen in das, was ist, wie es ist. Dieser Unerschütterlichkeit wegen wird er am Ende mit einem Vielfachen der anfangs verlorenen Güter entlohnt, wie jeder, der einen Härtetest erfolgreich absolviert, es insgeheim erwartet. Standfestigkeit muß sich auszahlen.

Anderen Geistes ist der im Versmaß gesetzte Mittelteil, die Freundesreden, den Gottes-Dialog und die Theophanie umfassend. Er fügt sich zwar, wie es der Pietät des Altertums entspricht, dem vorgefundenen Novellentext ein, füllt ihn aber mit neuem Leben, das den Rahmen sprengt. Darauf beruht die Faszination des Buches, hervorgegangen aus einer literarischen Synthese von Widerspruch und Ergebung: Widerspruch gegen die widerspruchslos hingenommene Prämisse der Fabel – Ergebung in die durch das dramatisierte Reflexionswissen verwandelte Evidenz ihres Resultats.

Die Rahmenerzählung beginnt nämlich mit der Wette zwischen Gott dem Allmächtigen und seinem wie ein Staatsanwalt auf Erden amtierenden Teufel. Im Himmel wird gespielt! Das allein schon muß der Frömmigkeit eine unerträgliche Imagination sein. Wieviel mehr noch, da es sich um das Wettspiel auf Kosten eines unschuldigen und ahnungslosen Opfers handelt. Wer will es hindern? Poetische Freiheit hatte es so gewollt: Gott rühmt sich vor dem zum Rapport versammelten Hofstaat der Glaubensstärke *seines* Knechtes. "Nun begab es sich eines Tages, daß die Gottessöhne kamen, sich vor den Herrn zu stellen, und es kam auch der Satan in ihre Mitte. Da sprach der Herr zum Satan: Wo kommst du her? Der Satan antwortete dem Herrn und sprach: Auf der Erde bin ich umhergestreift und hin und her gewandert. Und der Herr sprach zum Satan: Hast du achtgegeben auf meinen Knecht Hiob, daß seinesgleichen keiner ist auf Erden, ein Mann so fromm und so bieder, so gottesfürchtig und dem Bösen feind? Der Satan antwortete dem Herrn und sprach: Ist etwa Hiob umsonst gottesfürchtig? Hast du nicht selbst ihn und sein Haus umhegt und alles, was er hat ringsum? Das Tun seiner Hände hast du gesegnet, und seine Herden haben sich ausgebreitet im Lande. Aber recke doch einmal deine Hand aus und rühre an alles, was er hat; fürwahr, er wird dir ins Angesicht fluchen."[19]

---

18. Hiob 1,21.
19. Hiob 1,6-11.

Der Teufel bezweifelt also die Uneigennützigkeit des Frommen, da er – wie Hiobs Frau und Hiobs Freunde es auch tun – Religion als Kontrakt auf Gegenseitigkeit versteht: ein eudämonistischer, zu beiderseitigem Nutzen abgeschlossener Vertrag zwischen Gott und Mensch. Knechtische Gutgläubigkeit gegen materielles Wohlergehen. Gibst du mir – geb ich dir! Wetten? Daraufhin wird eingeschlagen, und das grausame Spiel nimmt seinen Lauf. Der Schöpfer überantwortet Hiob dem diabolischen Quälgeist, vorbehaltlich der nackten Leibexistenz: "Wohlan, er ist in deiner Hand! Nur seines Lebens schone!"[20] – Dem Betroffenen selbst muß das Kalkül natürlich verheimlicht werden, sonst wäre es kein Ernstfall. Der Teufel würde wohl auch nicht mitgespielt haben.

So die Prosaerzählung. Der jüngere Poet hat sie zwar als Rahmenwerk stehenlassen, ihr aber eine Durchführung gegeben, die beides, den Wettinhalt (das fragliche Umsonst) und den Wettlohn (Bewährung als Gottes Knecht) bis zur Unkenntlichkeit transformiert, so daß der Ausgang doppelbödig wird:

Dem sprachlos getreuen, mystisch ergebenen Dulderheros wird im Finale Wiedergutmachung plus Belohnung zuteil. Er kehrt in die mit Zins und Zinseszins vermehrten Heilsgüter des patriarchischen Idylls zurück und erlebt den klassischen Märchenschluß: verklärte *Restitutio ad integrum*. Der quantifizierte Gewinn zeigt, daß die Lohnknechtschaft innerhalb des Religionskalküls nicht verlassen wurde. Hiob bekommt die Wette, die er unwissend für Gott gewonnen hat, mit materieller Segensfülle gratifiziert:

"Und der Herr segnete Hiob hernach mehr als zuvor, und er bekam 14000 Schafe, sechstausend Kamele, tausend Joch Rinder und tausend Eselinnen. Er bekam auch sieben Söhne und drei Töchter. Die erste hieß er Jemima (d.h. Täubchen), die zweite Kezia (d.h. Wohlgeruch) und die dritte Kerenhappuch (d.h. Schminkbüchschen); und man fand im ganze Land keine Frauen so schön wie Hiobs Töchter, und ihr Vater gab ihnen ein Erbteil unter ihren Brüdern. Darnach lebte Hiob noch 140 Jahre, und er sah seine Kinder und Kindeskinder, vier Geschlechter. Und Hiob starb alt und lebenssatt."[21]

Ganz anders sieht das Resultat für den wortgewaltigen Gottes-Streiter aus. Der nämlich hat durch Aufruhr gegen die Ungerechtigkeit der Welt dem Schöpfer die Offenbarung der Gratuität ihres Daseins abgetrotzt: Was das rationale Problem nicht löst, aber die Rationalitätssphäre im Ganzen entschuldet und

---

20. Hiob 1,12.
21. Hiob 42,12-17.

damit öffnet für die erlösende Einsicht in den Nichtsnutz jenseits von Lohn und Leistung, Sinn und Zweck. Das schafft am Ende einen Mehrwert, der beim anfänglichen Wettspiel gar nicht im Blick stand. Ich meine den Doppelsinn von Knechtschaft als sollgerechter Arbeitskraft und schöpferisch leidender Prophetie. Gott ernennt Hiob zum Theo-Logen, Theophil Hiob: "Mein Knecht! ... Er hat recht von mir geredet." Die Wahrheit hat er gesagt und wird deshalb mit dem Priesteramt betraut. Sühne soll er leisten für das im Himmel unerträgliche Gottesgeschwätz, dessen die Freunde/Feinde sich schuldig gemacht haben. Für ihn wird die Erhörungsgewißheit des Psalters erweitert um den Zusatz stellvertretender Fürbitte, als ob es hieße: "Rufe mich an – auch in der Not deiner Mitmenschen! – so will ich dich erhören." Der Prolog läßt das nicht erwarten, wenngleich es mit unter die von ihm problematisierte Uneigennützigkeit des Frommseins subsumiert werden kann. Auch die Fürbitte ist umsonst. Sie lohnt sich nicht – es sei denn im wahren Gottes-Dienst. So erbringt das Spiel in seinem Epilog mehr und qualitativ anderes, als anfangs investiert wurde. Mehr auch, als daß man sagen könnte, wer denn nun eigentlich die Wette gewonnen habe: *Deus sive diabolus?* – Das Verdienst an dieser *sacra ignorantia* ist nicht im Himmel erworben worden.

"Als nun der Herr diese Worte zu Hiob geredet hatte, da sprach er zu Eliphas von Theman: Mein Zorn ist entbrannt wider dich und deine zwei Freunde; denn ihr habt nicht recht von mir geredet wie mein Knecht Hiob. Und nun nehmet sieben Stiere und sieben Widder und geht zu meinem Knechte Hiob, und bringt ein Brandopfer für euch dar, und mein Knecht Hiob mag für euch bitten; nur seine Fürbitte werde ich annehmen, daß ich euch nicht etwas Schlimmes antue, weil ihr nicht recht von mir geredet habt wie mein Knecht Hiob. Da gingen Eliphas von Theman, Bildad von Suah und Zophar von Naama hin und taten nach dem Befehl des Herrn. Und der Herr nahm die Fürbitte Hiobs an."[22]

Die Einheit des Raumes, der Zeit und der Handlung wird gewahrt, die Identität der Akteure aber verliert sich ins Unfaßliche. Sind der spielende und der wetternde Gott ein und derselbe? Können Hiob der Dulder und Hiob der Rebell die gleiche *Persona dramatis* sein? Eine Restitutio im strikten, die Integrität des Anfangs wiederholenden Wortsinn findet nicht statt. Aus der *Hiobsbotschaft*, unter deren Schrecken die Vertrauensseligkeit zerbricht, wird Hiobs eigene, mit seinem Namen besiegelte Botschaft vom Jenseits aller durch Hörensagen lizensierbaren Schicklichkeiten des Gottesglaubens. "Und ich bin ganz allein entronnen, es dir zu melden" – dir, dem Leser und Hörer der Schrift. Ich, Gottlieb Hiob. Meine Botschaft.

---

22. Hiob 42,7-9.

Der überlange Mittelteil des Hiobbuches stammt aus der Feder eines Poeten, der in seine Sprachvirtuosität so verliebt war, daß er nur schwer ein Ende finden konnte, um es gesagt, endlich gesagt und damit gut sein zu lassen. Wohl deshalb hat er die Wortkargkeit seines prosaischen Vorgängers geschätzt. Ihr wird mit dem Schlußwort des Helden nach vernommener Gottesrede Tribut gezollt. Kompositorisch gesehen ist es das Schlüsselwort, das die ungleichen Buchhälften verzahnt:

"Vom Hörensagen hatte ich von dir gehört;
nun aber hat dich mein Auge gesehen.
Darum widerrufe ich
und bereue in Staub und Asche."[23]

Endlich den Mund halten zu können, weil Augen gemacht werden, Glanz und Schrecken der Gotteswelt zu sehen, heißt, ihr eine Wahrheit zuzuerkennen, die sich als Selbstverständlichkeit auszusprechen vermag: So ist es! – das große Umsonst, aus dem beide, Lust und Leid der Sprache, inspiriert werden. Zweier Dichter hat es dafür bedurft, das Bild vom redereuigen Hiob zu erstellen, gleichzeitig aber wissen zu lassen, warum die Selbstdementierung seines *Furor divinus* im Himmel nicht hat angenommen werden können. Wir müßten sonst vor den Hiobsbotschaften ganz verstummen.

Am zweieinig aus Prosa und Poesie, aus Legende und Dialog, aus Narration und Reflexion zusammengesetzten Hiobbuch sollte ein Exempel für kreatives Wi(e)derlesen entstehen. Da hat sich eine konventionsentfremdete, gegen die vermeinten Selbstverständlichkeiten des Hörensagens rebellierende Subjektivität so ins literarische Erbe hineinreflektiert, daß ihre Nachdichtung sich rühmen darf, den Hauptgesichtspunkt im uralt Wahren erstmals offenbart zu haben.

"Es geht generell um eine poetische Theodizee, die die Dichterrede versteht als rechtfertigende Verantwortung des Schöpfers durch die Schöpfung. Poiesis ist Sprachschöpfung, die sich ihres schöpferischen Eigenstandes bewußt ist, sie vollzieht also genau dieses, was diskreditiert war: die Schöpfung. Indem sie bewußt Schöpfung im aktiv-passiven Doppelsinn des originären Schaffens und Geschaffenseins ist, hat die Poiesis ihren Ursprung in sich. Sie löst die Schöpfung von dem transzendenten Grund, der für die Welt verantwortlich zeichnen sollte, und erweist sie als metasubjektiven Komplex, der sich in der Sprache aktualisiert. Es geschieht in der Dichtung eine Verantwortung der Schöpfung, die zugleich von dem Zwang der Rechenschaftsgabe, die sich moralisch im verantwortlichen Subjekt kon-

---

23. Hiob 42,5.

trahiert, losgelöst, befreit ist. Dichterede verantwortet die Schöpfungswelt letztlich metasubjektiv, sie erlöst vom Theodizeeproblem. Insofern kann thetisch auch eine mittelbare Rechtfertigung der Schöpfung behauptet werden, sofern die logische Rückvergewisserung der Welt bei einem letzten Grund oder Zweck überboten wird durch die selbstschöpferische Freiheit von der Letztverbindlichkeit eines absoluten Weltgrundes oder -zweckes. Dichterrede als Schöpferrede gehört der Theologie qua Rede von Gott an, sofern sie ihre kreatorische Seinsweise reflektiert."[24]

---

24. G. Theobald: Hiobs Botschaft. Die Ablösung der metaphysischen durch die poetische Theodizee. Gütersloh 1993, S. 10.

VI

Weisheit

Die kanonische Entsockelung der Megatheologie

1 Geschichtseuphorie und Altersweisheit

Als ich Mitte der 60er Jahre nach Heidelberg, ins Mekka der damaligen Theologie, gepilgert kam, lief die "Geschichte" zu großer Form auf: "New frontiers!" (J.F. Kennedy). Als Utopie, Revolution, Fortschritt, Aufklärung, Hoffnung, Eschatologie und Apokalyptik war sie in aller Munde. Ernst Bloch, weiter neckaraufwärts in Tübingen, wußte der Erregung den feurigsten Ausdruck zu geben, so daß fraglich wurde, wer wem in Sachen "Exodus-Religion" die Fackel voran- oder die Schleppe hinterherzutragen habe: die Theologie der Philosophie oder die Philosophie der Theologie. Mobilisierung war angesagt: Nomadenkultur versus Sedentärkultur ("Fleischtöpfe Ägyptens").

Es so respektlos zu empfinden, hat mir damals fern gelegen, denn was nach Heidelberg zog, hieß Gerhard von Rad: ein Alttestamentler, zu dessen Füßen man den Apokalyptiker Daniel schätzen lernte: "Die Lehrer werden leuchten wie des Himmels Glanz" (Daniel 12,3). Ansonsten war freilich wenig Gutes von der Apokalyptik zu hören. Sie verliere sich in Weltgeschichtsspekulationen – hieß es vom Katheder – und führe aus dem Alten Testament heraus, ohne ins Neue überzuleiten. Von Rads Abneigung gegen sie wuchs mit jedem Semester, umgekehrt proportional zur Beschleunigung der Zeitgeschichte, die auf der Straße eschatologisches Tempo anzunehmen schien. Und das war rätselhaft, weil von Rads "Theologie des Alten Testaments" (Band 1: "Die Theologie der geschichtlichen Überlieferungen Israels" 1957, Band 2: "Die Theologie der prophetischen Überlieferungen" 1960) allenthalben zur Rechtfertigung des akzelerierten Endzeitglaubens aufgeboten wurde. Landauf landab fungierte sie als Schriftbeweis für die nomadische Aufbruchseuphorie.

Beiseite genommen und ins Vertrauen des Meisters gezogen, ist mir das Geheimnis alsbald offenbart worden. Von Rad lebte im Gefühl des Zauberlehrlings: "Herr, die Not ist groß! Die ich rief, die Geister, werd ich nun nicht los!" Er hatte einer Evolutionsidee zugearbeitet, die seiner scheuen, ästhetischen Natur widerstrebte. Sie war ihm zu laut, zu prätentiös, zu bombastisch. Also kehrte er seiner "Theologie" den Rücken und widmete sich der Weisheitsliteratur, einer kosmologisch besonnenen Lebensfrömmigkeit, die in den

"Schriften" Israels dokumentiert ist, den "Libri poetici": Psalmen, Proverbien, Prediger Salomo, Hohes Lied, Hiob, Buch der Weisheit, Jesus Sirach. – Von Rads Alterswerk, die "Weisheit in Israel" erschien 1970. Am 31. Oktober 1971 ist er – theologisch stark vereinsamt – in Heidelberg gestorben.

Wenig später brach unter den "Grenzen des Wachstums" (Club of Rome, 1971) der Nachkriegsfuturismus in sich zusammen – und ich hatte mein Glück gefunden. Von Sternen des Himmels schwärmt nur, wer hofft, daß etwas von ihrem Glanz auch auf ihn niederfällt. Altersweisheit – Jugendglück.

2 Die historisierte Ich-Rhetorik

Von Rads "Theologie" zufolge war der Jahweglaube Motor, Medium und Produkt einer Jahrhunderte währenden Integrationsdynamik. Am Anfang habe es diverse Stammesreligionen gegeben, die zeitgleich nebeneinander praktiziert wurden. Dort verehrte man den Gott des Erzvaters Abraham, hier den des Erzvaters Isaak. Dort wurde die Erinnerung an den Auszug aus Ägypten gepflegt, hier pilgerte man zum Gottesberg, um die Gebote neu in Kraft zu setzen usw.. Erst nach Ansiedlung im Westjordanland sei aus den verschiedenen Nomadenstämmen eine militärische, ökonomische, kulturelle und politische Einheit geworden, in deren Zug die Stammenstraditionen ihre Territorialität verloren und einander zeitlich nachgeordnet wurden. Man chronologisierte sie mit Hilfe des Generations- und Diadochenschemas: Abraham zeugte Isaak, Isaak zeugte Jacob, Jacob zeugte Josef. Nach Josef kam Mose, und Mose setzte am Ende der Wüstenwanderung Josua zum Nachfolger ein, um Israel über den Jordan ins gelobte Land zu führen.

Auf dem Papier der Geschichtstheologen sei die Synthese erfolgt, nicht in der Realität. Den Ursprung des Konstrukts verortete von Rad in der Selbstvorstellung der Wüstengottheit: "ICH bin der ICH bin". Ihre punktuelle Einheit sei geöffnet worden für die subjektstheologische Integration aller Glaubensbestände. Zunächst habe man in der Er-Form die Entstehung inventarisiert, vor allem im Pentateuch, den fünf Büchern Mose mit dem Zentrum Gesetzesoffenbarung am Sinai (Thora). "Er hat ein Gedächtnis gestiftet seiner Wunder"[1] lautet das Motto des 1. Bundes. Später hätten die Schriftpropheten das Erzählmaterial der Vergangenheit transformiert in Ausdrucksmittel eines Ego, das seine Selbstverwirklichung in die Zukunft projiziert: "Gedenket nicht an das Alte und achtet nicht auf das Vorige! Denn siehe, ICH will ein Neues machen"[2]: einen neuen Himmel und eine neue Erde, einen neuen Auszug, einen neuen Bund, eine

---

1. Psalm 111,4.
2. Jesaja 43.18f.

neue Landnahme und einen neuen Messias aus Bethlehem. So das Motto des
2. Bands der "Theologie". Wo ER war, soll ICH werden.

Die "Theologie" erklärte also das ICH von Mose und den Propheten zum
Helden einer zweieinigen, Vergangenheit und Zukunft, Erinnerung und
Erwartung umfassenden Integration aller israelitischen Überlieferungsbestände.
Sie vermittelte den Eindruck, daß im Alten Testament der "garstige breite
Graben" (Lessing) zwischen Gott und Welt, Ewigkeit und Zeit, Subjekts-
metaphysik und Evolutionsgeschichte vorgängig überbrückt worden sei. Das
erklärt, weshalb von Rad – der frühe von Rad – wichtig wurde für die
Systematik der 60er Jahre. Ich meine die damaligen Versuche, das aus Karl
Barths "Kirchlicher Dogmatik" stammende Theorem der "Selbstoffenbarung"
Gottes mit den futuristisch gestreckten Geschichtsbildern von Hegel und Marx
zu kombinieren: "Offenbarung als Geschichte". "Theologie der Hoffnung".
"Gottes Sein ist im Werden".[3] Sie waren nicht nur zeitgemäß (Blochianismus),
von Rad ließ sie auch als a priori schriftgemäß erscheinen. Es war eine Lust,
seiner Karriere des Gottesnamens folgend, Ursprungserinnerung und Zukunfts-
mission kanonisch zusammenzudenken. Er gab Anleitung, wie das größte aller
möglichen Dinge: die Welt aus dem kleinsten aller Wörter plausibilisiert
werden konnte: dem Freiheitspronomen des Ich. – Lange hat seine Anstiftung
zum Euphorismus nicht vorgehalten.

3 Zweiter Anfang

Unter den Horrorvisionen des Ökologieschocks ist der Zukunftsidealismus in
den 70er Jahren schlagartig verstummt. Damit brachen auch für die Theologie
schwierige Zeiten an. Ihre bislang so erfolgreiche Leitidee, die Selbstermächti-
gung des absoluten ICH aus der Wüste wurde Gegenstand einer Traditionskritik, die bis in Platos Ideenhimmel und Moses Paradies zurückreichte. Stichwort: Allmachtswahn, Gotteskomplex, Herrschaftsmetaphysik, Imperialismus,
Verhängnis des Fortschritts, Wachstum zum Tode, gnadenlose Vorsehung,
Apocalypse now usw. "Lasset uns Menschen machen nach unserem Bilde, die
uns gleich sind ... Seid fruchtbar und mehret euch, füllet die Erde, machet sie
euch untertan und herrschet". "... so werdet ihr sein wie Gott".[4]

Karl Löwith, der ebenfalls in Heidelberg lehrende "Weltweise", wie er sich in
Abgrenzung von den "Gottesgelehrten" nannte, hatte die mit dem "dominium

---

3. W. Pannenberg, hg: Offenbarung als Geschichte, Göttingen 1961. J. Moltmann:
Theologie der Offenbarung, München 1964. E. Jüngel: Gottes Sein ist im Werden,
Tübingen ⁴1966.
4. 1. Mose 1,26.28. 3,5.

terrae" argumentierende Machermetaphysik lange schon im Visier gehabt. Er führte die Subjektsphilosophie der Neuzeit (Descartes, Fichte, Hegel), die ideologischen Weltprogramme (Positivismus, Marxismus, Faschismus) und die Zukunftsontologien (Nietzsche, Heidegger, Bloch) auf den Verfall des Christentums zurück. Die Reduzierung des Glaubens auf Gott und Mensch unter Mißachtung der Welt, der Natur, des Universums (psychotheologischer Akosmismus) habe uns einer Weltgeschichte ausgeliefert, die vom "Willen zur Macht" (Nietzsche) diktiert werde – populär "Fortschritt" genannt.

> "Fortschritt kann es nur geben in einer Zeit, die wesentlich Zukunft ist. In einer ewigen Gegenwart sind Entwicklung und Fortschritt aufgehoben. Das moderne historische Bewußtsein ist aber dadurch ausgezeichnet, daß es – entgegen dem klassischen und wörtlichen Sinn von "Historie" – ganz und gar aus der Zukunft lebt und darum in Furcht und Hoffnung; die Erwartung der Zukunft ist das Element, in dem der Wille zum Fortschritt schwimmt. Die entscheidende Frage gegenüber unserer Besessenheit von der Zukunft wäre deshalb, ob die Zeit der Welt eine immerwährende oder ewige ist, im Unterschied zur endlichen Zeit des Menschen."[5]

Erst vor dem Hintergrund von Löwiths Geschichtsskepsis gewinnt die "Weisheit" des späten von Rad volles Gewicht. Das Buch distanziert sich nicht nur von der axiomatischen ICH-Geschichte der "Theologie", es soll auch den Nachweis erbringen, daß der Akosmismusvorwurf des Philosophen zu unrecht besteht. Israel habe sehr wohl um das Außerhalb von "Weltgeschichte und Heilsgeschehen" – Karl Löwiths bekanntester Buchtitel – gewußt und dort eine Weltweisheit eigener Art aufgebaut:

Israels Weisheit begnügt sich mit dem, "was unter dem Himmel ist" (Prediger Salomo 1,13). Einen Grund für das Seinsganze in der Intentionalität eines präexistenten Schöpfersubjekts zu erfragen, mutete ihr zu unbescheiden an. Damit hat sie nur böse Erfahrungen gemacht: siehe Hiob. Umso mehr Gewissenhaftigkeit investiert sie in den Eigensinn der Dinge, so daß von Rad Karl Barths "Selbstoffenbarung" von der Vokabel Gott abziehen und der Schöpfung übereignen konnte: "Selbstoffenbarung der Schöpfung".[6]

> "Das Denken der Weisen war eben von Anfang an nicht vom göttlichen Taterweisen in der Geschichte in Bewegung gesetzt worden. Sie sahen sich von den viel älteren Fragen des Menschseins überhaupt provoziert. ... Ohne

---

5. K. Löwith: Das Verhängnis des Fortschritts, zitiert nach K. Löwith: Gesammelte Schriften Bd II Stuttgart, 1983, S. 410.

6. G. von Rad: Weisheit in Israel, Neukirchen – Vluyn, 1970, S. 189-228.

zu einer Gesamtschau durchstoßen zu können, kreise das Denken der Weisen doch immer um das Problem einer Phänomenologie des Menschen. Freilich nicht des Menschen an sich, sondern um eine Phänomenologie des in seine Umwelt eingebundenen Menschen, in der er sich immer zugleich als Subjekt und als Objekt, als aktiv und passiv vorfand. Ohne diese Umwelt, der er zugekehrt ist, und die ihm zugekehrt ist, war in Israel ein Menschenverständnis überhaupt nicht möglich. Israel kannte nur einen bezogenen Menschen; bezogen auf Menschen, auf seine Umwelt und nicht zuletzt auf Gott. Auch die Lehre von der Selbstbezeugung der Schöpfung ist durchaus als ein Beitrag zur Phänomenologie des Menschen und der ihn umgebenden Welt zu verstehen. Ja, sie ist vielleicht Israels letztes Wort zu dieser Sache."[7]

Letzte Worte haben ultimativen Rang. Der späte von Rad liest die "Libri poetici" so, daß sie zum Beweis für die biblische Rechtmäßigkeit der "natür-lichen" Theologie in Gestalt einer kreatürlich-kreativen Weisheitsphänomenologie werden. Das war neu gegenüber der Barth-Hegel-Orthodoxie der Nach-kriegszeit, einschließlich der egologisch konzipierten "Theologie des Alten Testaments": In Israel hat es Weisheitstheologen gegeben, die die Vertrauens-frage an die Welt selbst, an die Epiphanie der Sinnen- und Sittenwelt im Alltagsleben der Menschen gerichtet haben – und sie ist ihnen nicht unbe-antwortet geblieben. Weisheit konnte die Schöpfung befreien von der Fiktion eines Schöpfertums, das Sein nur produktionistisch als Gedacht-, Gesagt- und Gemachtsein begreifen kann, eingeschlossen ins allmächtig-ohnmächtige ICH-ICH des Wüstenidealismus.

Soweit zum Inhaltlichen. Verstärkend hinzu kommt zweitens das formale Proprium der Schriftweisheit: ihre dichterische Sprache, sowohl in den Senten-zen, der zweiteiligen, im parallelismus membrorum verfaßten Spruchweisheit, als auch in den Monologen, den großen Reden, die "Frau Weisheit" über sich selbst hält. Diesen Texten hat von Rads besondere Liebe gegolten, weil sie ihm erlaubten, seine ästhetische Spiritualität mit dem philologischen Eros des Bibelexegeten zu liieren und so den Exodus aus der anästhetischen, der amu-sischen Machttheologie des 20. Jahrhunderts einzuleiten:

"Ruft nicht die Weisheit vernehmlich?
Erhebt nicht die Einsicht ihre Stimme?
Oben auf den Höhen am Wege,
da wo die Pfade sich kreuzen, steht sie.
Zur Seite der Tore am Ausgang der Stadt,

---

7. S. 400.

am Eingang der Pforten ruft sie laut:
'Euch, ihr Männer, gilt meine Predigt,
an die Menschenkinder ergeht mein Ruf.
O ihr Einfältigen, lernet Klugheit,
ihr Toren, nehmet Verstand an!
Höret zu! Vortrefflich rede ich,
recht und gerade ist, was meine Lippen eröffnen...
Ich, die Weisheit, pflege die Klugheit,
verfüge über Erkenntnis und guten Rat...
Der Herr schuf mich, seines Waltens Erstling,
als Anfang seiner Werke, vorlängst.
Von Ewigkeit her bin ich gebildet,
von Anbeginn, vor dem Ursprung der Welt.
Noch ehe die Meere waren, ward ich geboren,
noch vor den Quellen, reich an Wasser.
Bevor die Berge eingesenkt wurden,
vor den Hügeln ward ich geboren,
ehe er die Erde gemacht und die Fluren
und die ersten Schollen des Erdreichs.
Als er den Himmel baute, war ich dabei,
als er das Gewölbe absteckte über der Urflut,
als er die Wolken droben befestigte
und die Quellen der Urflut stark machte,
als er dem Meer seine Schranke setzte,
daß die Wasser seinem Befehle gehorchten,
als er die Grundfesten der Erde legte,
da war ich als Liebling ihm zur Seite,
war lauter Entzücken Tag für Tag
und spielte vor ihm allezeit,
spielte auf seinem Erdenrund
und hatte mein Ergötzen an den Menschenkindern."[8]

"Frau Weisheit" wird sie mit Bedacht genannt. Ihre erotische Tönung darf
nicht überhört werden, und der Ort ihres Liebeswerbens – "draußen vor der
großen Stadt" – läßt keinen Zweifel, mit welchen Reizen da konkurriert wird.
Zugleich schillert die Figur zwischen Geschlechts- und Generationsverhältnis.
Schwer zu sagen, was da zu Gottes Füßen spielte, um sein Ergötzen zur
Schöpfung zu reizen. Ist es das Weib, ist es das Kind? Weise wissen um die
Grenzverwandtschaft zwischen generativer und geschlechtlicher Liebe. Wissen
auch, wie leicht da die Demarkation zwischen Schöpfer und Geschöpf ver-

---

8. Sprüche Salomos 8,1-6. 12. 22-31.

wischt werden kann, um Herz und Verstand zu betören. Aber das Phänomen existiert. Es gehört zur Realität, in der die Vernunft sich kreatürlicherweise vorfindet, so daß ihre sinnlich-geistige Zwienatur bestens geeignet ist, das Wunder der Rationalität namens Schöpfung sprachlich bewußt zu machen, es mimetisch zu poetisieren.

Bei Mose kann davon nicht die Rede sein. Seine Schöpfung ist ein prosaisches Konstrukt, eingespannt zwischen dem Machtwort am Anfang ("Fiat lux!") und der Selbstbelobigung am Ende: "Gott sah an alles, was er gemacht hatte, und siehe: es war sehr gut!" Deus faber. Nichts von der Inspiration des Affekts, nichts vom Geheimnischarakter des Daseins und nichts von der schöpferisch-geschöpflichen Zwienatur des Glaubens, der gottebenbildlich am Geist der Welt mitwirkt. Solche Köstlichkeiten fehlen der Mose-Schöpfung von Genesis 1, werden aber von der Weisheit aufgeboten, um jene mit einem kritischen Gegenbild zu übertrumpfen. Deshalb nimmt sie das bislang exklusive Hoheits-symbol Gottes, das ICH, selbst in den Mund und kontert damit die theologische Herausforderung durch Mose und die Propheten: "Ich, die Weisheit ... Der Herr schuf mich, seines Waltens Erstling". Das Ich ist also ein Geschöpf, wenn auch vorrangig vor allen anderen. Es gehört ins irdische Diesseits des Himmels, ins Kreatürliche, und darf nicht mit dem Kreator selbst verwechselt werden, wie es – der "Theologie des Alten Testaments" zufolge – in der mosaisch-prophetischen Gotteslehre geschieht. Das zu wissen, macht die Weisheit bescheiden, legitimiert sie aber auch, die Krone der Erkenntnis: das Gott, Welt und Mensch konfigurierende Urwort der Freiheit für sich zu beanspruchen: Ich.

Die "Meere und die Quellen", die "Berge und die Hügel", die "Fluren und die Schollen", die "Erde und der Himmel" stehen für das mosaische Sechstagewerk. Sie werden zitiert, um ihnen etwas Ursprünglicheres vorauszuschicken, das sich in der Überschwänglichkeit der Liebessprache seiner Privilegierung vor aller Welt nicht genug rühmen kann: "Noch ehe die Meere waren ...", "noch vor den Quellen", "vor Ursprung der Welt ..." bin ich: "seines Waltens Erstling". Im Tagesschema von Genesis 1 gesagt, müßte man so etwas wie einen "null-ten" Schöpfungstag annehmen, oder eine Aurora, ein Morgenrot für die Wochenarbeit im Ganzen, um das weisheitliche Prius des Artefakts darin plazieren zu können. Es spricht mit der Selbstgewißheit des Schöpfers von der ästhetisch-erotischen Uraffektion, die aller Kreativität zugrundeliegt. Was die Welt im Innersten zusammenhält ist die Inspirationskraft des divinatorischen Eros. Er darf sicher sein, dem Herzen des Allmächtigen näher zu stehen als diktatorische Machtworte von der Art des "Es werde ... und es ward". Und er darf in dieser Gewißheit das Schöpferische als Qualität der Schöpfung selbst zur Sprache bringen, ohne sich am ersten Gebot zu versündigen. Deshalb die weisheitlich bedachte "Selbstoffenbarung" der Welt als Schöpfung. Sie ist ein ureigenes Thema der Theologie neben der Heilsgeschichte. Heute würde man es mit der Formel "integrity of creation" apostrophieren.

"Nein, diese Redeform wurde ganz von der gemeinten Sache her bestimmt, die nur so ohne einen Verlust ins Wort gebannt werden konnte, denn diese Urordnung redete ja auch zum Menschen ... Im Unterschied von Hiob 28 wird diese der Welt immanente Weisheit weniger unter dem rationalen Aspekt der ökonomischen Ordnung als unter einem ästhetischen Aspekt gesehen: Als 'Liebling' ist sie Gottes 'Ergötzen', sie 'spielt' und 'ergötzt' sich ihrerseits an den Menschen. Beide Texte reden von einer Wirklichkeit, die von einem äußersten Geheimnis umgeben ist. Im Kultus war sie ein Gegenstand des Lobpreises, in der Schule ein Gegenstand des Nachdenkens: Was ist das eigentlich, das einerseits so tief mit allem Geschöpflichen verbunden ist und andererseits ein Teil des Waltens Jahwes zu sein scheint und auf den Menschen eindringt?"[9]

4 Maximum im Minimum

Der Prototyp des Weltweisen in Europa ist Sokrates. Auf ihn datiert die Urbanisierung des Geistes. Es heißt, er habe das Wissen vom Himmel auf die Erde herabgeholt, um es dort anzusiedeln, wo Menschen im Gespräch mit ihresgleichen nach Sinn und Zweck des Daseins fragen: auf dem Marktplatz. "Erkenne dich selbst", erkenne, daß du ein Sterblicher bist, unterschieden von den Göttern, den Unsterblichen in lichten Himmelshöhen. Werde weise im Wissen um das Nichtwißbare, in Scheu und Ehrfurcht vor den übergroßen Transzendenzen.

Was die Gestalt des Sokrates für den Hellenismus war, ist Salomo für Juden- und Christentum geworden. Er markiert den Endpunkt der Heilsgeschichte, weil er das Großreich Davids mit dem Tempel auf dem Zion krönte. Andererseits ist er der Patriarch der Weisheit und der Autor des Hohen Liedes, so daß in seiner Figur der göttliche Weltenplan übergeht in die Nobilitierung der minoritären Lebensverhältnisse. Groß, größer, am größten – klein, kleiner, am kleinsten. Makrotheologie – Mikrotheologie, salomonisch vereint.

"Einst ging der König nach Gibeon, um daselbst zu opfern; denn dies war das große Höhenheiligtum. Tausend Brandopfer opferte Salomo auf jenem Altar. In Gibeon erschien der Herr dem Salomo des Nachts im Traum, und Gott sprach: Tue eine Bitte! Was soll ich dir geben?

---

9. G. von Rad: Weisheit in Israel, S. 205.

Salomo sprach: Du hast deinem Knechte, meinem Vater David, große Huld erwiesen, weil er vor dir gewandelt ist in Treue und Gerechtigkeit und mit aufrichtiger Gesinnung gegen dich, und du hast ihm diese große Huld bewahrt und ihm einen Sohn gegeben, der auf seinem Throne sitzt, wie es jetzt am Tage ist. Und nun, Herr, mein Gott, hast du deinen Knecht an meines Vaters David Statt zum Könige gemacht; ich aber bin noch ein Kind und weiß nicht aus noch ein. Und nun steht dein Knecht inmitten deines Volkes, das du erwählt hast, eines Volkes so groß, daß niemand es vor Menge zählen noch berechnen kann. So wollest du denn deinem Knechte ein verständiges Herz geben, dein Volk zu regieren und zu unterscheiden, was gut und böse ist; denn wer vermöchte sonst dieses dein gewaltiges Volk zu regieren? Dem Herrn gefiel es wohl, daß Salomo um solches bat. Und Gott sprach zu ihm: Weil du um solches bittest und bittest nicht um langes Leben, auch nicht um Reichtum noch um den Tod deiner Feinde, sondern um Einsicht, das Recht zu verstehen, so tue ich nach deinen Worten: Siehe, ich gebe dir ein weises und verständiges Herz, das deinesgleichen vor dir nicht gewesen ist und deinesgleichen nach dir nicht erstehen wird. Dazu gebe ich dir auch, was du nicht erbeten hast: Reichtum und Ehre, daß deinesgleichen keiner sein soll unter den Königen dein ganzes Leben lang. Und wenn du in meinen Wegen wandelst, indem du meine Satzungen und Gebote hältst, wie dein Vater David getan hat, so will ich dir ein langes Leben geben. Als Salomo erwachte, siehe, da war es ein Traum gewesen. Danach ging er heim nach Jerusalem und trat vor die Bundeslade des Herrn und brachte Brandopfer und Heilsopfer dar und veranstaltete ein Festmahl für alle seine Diener.

Damals kamen zwei Dirnen zum König und traten vor ihn. Und das eine Weib sprach: Mit Verlaub, Herr! Ich und dieses Weib wohnen in demselben Hause, und ich gebar neben ihr im Hause; und drei Tage, nachdem ich geboren hatte, gebar auch dieses Weib. Wir waren beieinander, und sonst war niemand bei uns im Hause; nur wir beide waren da. Da starb das Kind dieses Weibes in der Nacht; denn sie hatte es im Schlaf erdrückt. Und sie stand mitten in der Nacht auf und nahm mein Kind von meiner Seite, während deine Magd schlief, und legte es an ihren Busen, ihr totes Kind aber legte sie an meinen Busen. Als ich nun aufstand, um mein Kind zu stillen, siehe, da war es tot. Aber wie ich es am Morgen genau ansah, da war es ja gar nicht mein Kind, das ich geboren hatte. Das andre Weib aber sprach: Nein, mein Kind ist das lebende, und dein Kind ist das tote. Jene aber sprach: Nein, dein Kind ist das tote, und mein Kind ist das lebende. So redete sie vor dem König. Und der König sprach: Die eine sagt: 'Dies ist mein Kind, das lebende, und dein Kind ist das tote'. Die andre sagt: 'Nein, dein Kind ist das tote, und mein Kind ist das lebende'. Dann gebot der König: Holt mir das Schwert! Und man brachte das Schwert vor dem König. Nun sprach der König: Schneidet das lebende Kind entzwei und gebt dieser die eine Hälfte und jener die andre Hälfte. Da sprach das Weib, dessen Kind das lebende war, zum König – denn in ihr entbrannte die Liebe zu ihrem Kinde –: Ach, Herr, gebt ihr das lebende Kind, nur tötet es nicht! Jene aber sprach: Es sei weder mein noch dein; schneidet zu! Da entschied der König: Die gesagt hat: 'Gebt ihr das lebende Kind, nur tötet es nicht!' – die ist die Mutter. Und ganz Israel hörte von dem Urteil, das der König gefällt hatte, und sie hatten Ehrfurcht vor dem König; denn sie sahen, daß göttliche Weisheit in ihm war, um Recht zu sprechen."[10]

"Worte können ein und dieselbe Sache verschieden auslegen. Sie lassen, was groß ist, klein erscheinen und was klein ist groß, machen Altes neu und Neues alt."[11] Aus diesem Grundsatz antiker Rhetorik hat Erich Auerbach das Prinzip des Christentums erklärt, die "Stilmischung" von großer und kleiner, hoher und niederer Sprache. "Sermo gravis" oder "sermo sublimis" oben, reserviert für die himmelbewegenden Hof- und Staatsaffären – "sermo humilis" oder "sermo remissus" unten, zuständig für die Belange von Krethi und Plethi, mehr oder minder lachhaft in ihrer Wichtigtuerei, komödienreif. In den Evangelien sei die rhetorische Hierarchisierung zwischen Palast und Hütte, Residenz und Provinz, Herr und Knecht, Gott und Mensch, König und Bettler, Pathetik und Satire, Hoheit und Demut planmäßig durchkreuzt worden.

"Der eigentliche Mittelpunkt der christlichen Lehre, Inkarnation und Passion, war mit dem Stiltrennungsprinzip ganz unvereinbar. Christus war nicht als ein Held und König, sondern als ein Mensch niedrigster sozialer Stufe erschienen; seine ersten Schüler waren Fischer und Handwerker, er bewegte sich zwischen der alltäglichen Umwelt des kleinen Volkes in Palästina, sprach mit Zöllnern und Dirnen, mit Armen und Kranken und Kindern; und jede seiner Handlungen und Worte war nichtsdestoweniger von höchster und tiefster Würde, bedeutender als alles, was je sonst geschah; der Stil, in dem es erzählt wurde, besaß gar keine oder doch nur eine sehr geringe Redekultur im antiken Sinne, es war 'sermo piscatorius', und trotzdem überaus ergreifend und wirksamer als das höchste rhetorisch tragische Kunstwerk; und das Ergreifendste an jenen Erzählungen war die Passion. Daß der König der Könige wie ein gemeiner Verbrecher verhöhnt, bespien, gepeitscht und ans Kreuz geschlagen wurde – diese Erzählung vernichtet, sobald sie das Bewußtsein der Menschen beherrscht, die Ästhetik der Stiltrennung vollkommen; sie erzeugt einen neuen hohen Stil, der das Alltägliche keineswegs verschmäht, und der das sinnlich Realistische, ja das Häßliche, Unwürdige, körperlich Niedrige in sich aufnimmt; oder, wenn

---

10. 1. Könige 3, 6-28.
11. Isokrates: Panegyrikos 8.

man es lieber umgekehrt ausdrücken will, es entsteht ein neuer 'sermo
humilis', ein niederer Stil, wie er eigentlich nur für Komödie und Satire
anwendbar wäre, der aber nun weit über seinen ursprünglichen Bereich ins
Tiefste und Höchste, ins Erhabene und Ewige übergreift."[12]

Die Konfiguration von Vergrößerung und Verkleinerung, Erhöhung und
Erniedrigung, Berg- und Talgang ist schon im Alten Testament vielfältig
vollzogen worden. "Du bist das kleinste unter allen Völkern" – ich will dich
"zahlreich machen, wie die Sterne am Himmel", daß du "zum Segen für die
Welt" wirst.[13] "Wenn du mich demütigst, machst du mich groß."[14] "Wer
dem Geringen Gewalt tut, lästert seinen Schöpfer." "Wer reichlich gibt, wird
gelobt." "Besser ein trockener Bissen mit Frieden, als ein Haus voll Geschlach-
tetem mit Streit." "Besser niedrig sein mit den Demütigen, als Beute teilen mit
den Hoffärtigen. Hochmut kommt vor dem Fall."[15] An Elia ist die Erwar-
tungsumkehr am spektakulärsten inszeniert worden: ein Prophet, der auf den
Berg zog, um im Sturm, Erdbeben und Feuer mit Gott Klartext zu reden über
den miserablen Weltenlauf, statt dessen aber mit dem "Säuseln eines Flüsterns"
nach Haus geschickt wurde.[16] Und Salomo eröffnete seine Rede zur Einwei-
hung des Tempels mit dem Satz: "Die Sonne hat der Herr an den Himmel
gestellt, er selbst aber will im Dunkeln wohnen".[17]

Das rhetorisch-stilistische Prinzip der Coincidentia oppositorum macht die
Weisheit zur literarischen Archäologie der Inkarnation: alttestamentlich vor-,
neutestamentlich nachgeschrieben. Der sprechendste Beleg dafür ist der bis
heute bekannteste Bibeltext, die Weihnachtslegende: das von Lukas fingierte
Schauspiel einer in Rom, der Metropole des augusteischen Großreiches an-
geordneten Weltvolkszählung, die im hintersten Winkel des Imperiums einen
Zimmermann aus Nazareth nötigt, auf Reisen zu gehen. Kaiser Augustus war
ein frommer, der Familienpietät verpflichteter Römer, der das Gebot erließ,
daß man sich am Stammsitz seiner Väter in die Zähllisten einzutragen habe.
Und Joseph, wohnhaft in Galiläa, stammte aus Bethlehem, der Davidsstadt in
Judäa. Als er die fremde Heimat betrat, gebar ihm seine Frau ein Kind, genau
am Stichtag, so daß bis heute nicht feststeht, ob es in die Zählung mit aufge-
nommen wurde oder nicht. Gehört es der alten oder neuen Ordnung an? Eine
Nummer mehr, eine Nummer weniger in der Globalmasse, was ist das schon,

12. E. Auerbach: Mimesis, Bern ⁵1971, S. 73f.
13. 5. Buch Mose 7,7. 1. Buch Mose 15,5. 12,3.
14. Psalm 18,36.
15. Sprüche Salomos 14,31. 11,25. 17,1. 16,18f.
16. 1. Könige 19.
17. 1. Könige 8.12.

sollte man meinen. *O sancta simplicitas!* Aber weit gefehlt. Die Niederkunft versetzte selbst den Himmel in Bewegung, daß die Sterndeuter, die Astronomen kamen, dem Kleinod ihre Aufwartung zu machen – sie, die Weisen aus dem Morgenland. Maria hat denn auch den Quell der Konstellation sicher zu finden gewußt:

> "Meine Seele erhebt den Herrn, ...
> daß er hingesehen hat
> auf die Niedrigkeit seiner Magd...
> er hat Gewaltige
> von den Thronen gestoßen
> und Niedrige erhöht.
> Hungrige hat er mit Gütern erfüllt
> und Reiche leer hinweggeschickt."[18]

Das ist ein fast wörtliches Zitat aus dem Loblied der Hanna, als sie Samuel, den Erzpropheten des Alten Testament unter ihrem Herzen wachsen fühlte:

> "Der Bogen der Helden
> wird zerbrochen,
> Wankende aber gürten sich
> mit Kraft.
> Satte müssen sich um Brot verdingen,
> doch Hungrige können feiern.
> Die Unfruchtbare gebiert sieben,
> dieweil die Kinderreiche dahinwelkt.
> Der Herr tötet und macht lebendig,
> er stößt in die Grube
> und führt herauf.
> Der Herr macht arm und macht reich,
> er erniedrigt und er erhöht."[19]

Die Frage nach dem großen Ganzen wird auch weiterhin den Geist in Atem halten. "Nur Toren sprechen in ihrem Herzen: Es ist kein Gott."[20] Woher, wenn nicht aus der Transzendenz des Himmels, sollte die Kraft kommen, an der Niedertracht des Erdenlebens auch nur leiden zu können, geschweige denn, ihr beherzt zu widerstehen? Gerade deshalb ist es aber ratsam, die Beschreibung der Inkarnationsverhältnisse diesseits der einsilbigen ICH-GOTT-SELBST-

---

18. Lukas 1,46f. 52f.
19. 1. Samuel 2,3-7.
20. Psalm 14,1.

Rhetorik nicht verkümmern zu lassen. Deus semper major – Deus semper minor. Maximum in minimo. "Den aller Welt Kreis nie beschloß, / der liegt in Mariens Schoß, / er ist ein Kindlein worden klein, / der alle Ding erhält allein".[21] Weisheit lehrt, wie man sich auf die Deeskalierung der Majuskel-zur Minuskeltheologie zu verstehen habe, um den Gottesglauben herunter-zuholen in den Gemeinsinn zu ebener Erde. Sitz im Leben: "... dort, wo die Pfade sich kreuzen im Tor".

Noch einmal von Rad:

"Und nun sei endlich die Frage formuliert: Kann der christliche Glaube nicht auch heute dem Menschen mit Erfahrungen und Wahrheiten an die Hand gehen, die Evidenz haben? Haben wir der Vernunft gar nichts anzubieten? Wohl, – Weisheit ist nie ein neutrales Sachwissen; es ist ein Wissen, zu dem man sich bekennt, das man lebt und hinter dem ein Vertrauen steht. Auch wir predigen das absolute Vertrauen, aber dahinter kommt nichts mehr. Haben wir nicht ein großes Feld, auf dem wir zum Reden, ja zum Argumentieren ermächtigt wären, eine riesige Dimension spezifisch christlicher Erfahrungen versteppen lassen? Lehren wir nicht im Grunde ein Leben ohne Nähe Gottes? Das kleine Gespräch des Menschen mit seinen Widerfahrnissen zwischen Morgen und Abend muß dem großen 'Weltgespräch' mit den Physikern vorangegangen sein. Eine göttliche Segnung ist doch auch eine Erfahrung. Ist sie ein Lotterietreffer oder gibt es da Zusammenhänge, die ihre Logik haben? Lassen sich da gar keine Wahrheiten fixieren, die sich der Vernunft bestätigen? Alle Welt verlangt mit Recht, daß sich der christliche Glaube 'nach draußen' öffne. Aber was geschieht denn da draußen, wie sieht die 'Wirklichkeit' aus, auf die sich alle berufen? Von den heutigen Humanwissenschaften können wir eine Menge lernen; der Nachholbedarf ist tatsächlich sehr groß. Aber die christliche Interpretation der 'Wirklichkeit' können sie uns nicht abnehmen. Wir werden das heutige Wissen von der Welt und vom Menschen auf seinem eigensten Gebiet provozieren müssen. Vielleicht könnte eine neue Bemü-hung um die Wirklichkeit unsere entsetzliche Stummheit (oder unsere ebenso entsetzliche theoretische Gesprächigkeit) lösen und uns zu einem helfenden Gespräch mit den anderen ermächtigen."[22]

Mit von Rads Abschied vom Nomadenidealismus hat für mich das Ende der Nachkriegszeit angefangen. Seither steht auf dem Wunschzettel der Theologie

---

21. Aus Luthers Kirchenlied.
22. G. von Rad: Christliche Weisheit? in: Evangelische Theologie, 31 (1971), S. 153f.

obenan die Kultur, eine Rückbildung des religiösen Geistes aus *colere*: beackern, siedeln, anpflanzen, bauen, hüten, pflegen ... Der sprachliche Primärsinn von Kultur bezeichnet das seßhafte Verhaltensethos, ist also gebunden an Landschaften, die fruchtbar genug sind, sich darin niederzulassen, an die *stabilitas loci* des Hauses und an ein zentral geortetes Raumbewußtsein, das Nomaden fehlt. Während "Kultur" im 19. Jahrhundert der Persönlichkeit galt, dem Ideal einer allseits gebildeten Subjektivität des Einzelnen, zielt ihre Rehabilitierung seit den 70er Jahren unseres Jahrhunderts auf die Inkarnation, das Einleben gottmenschlichan Daseins in die Immobilienwerte der *Contitio mundana*. Ich denke etwa an die Heimkehr der Astronauten von der Odyssee durchs Weltall, an das Bebauen und Bewahren der Schöpfung nach Gärtnerart ("integrity of creation"), an die Flüchtlings- und Asyldebatte rund um den Globus, an die topographische Rhetorik des Gemeinsinns von der "Ökologie" bis zum "Biotop" oder an die den *genius loci* beschwörende Urbanisierung unserer Städte. Der Zeitgeist steht im Zeichen einer nach-nachkriegszeitlich geerdeten Vernunft diesseits des Himmels. Er strebt nicht, wie der geschichtseschatologische Prophetismus des ICH-ICH argwöhnen muß, zurück zu den sündigen "Fleischtöpfen Ägyptens". Sein Telos ist der Eiodus, der Einzug wenn schon nicht ins Vaterland so doch ins Land der Väter, um den jenseits der Wüste, der absoluten Landschaft oder Landschaft des Absoluten gelegenen Mutterboden weisheitlich zu kultivieren.

VII
Erfüllung

Von der Schwangerschaft des Alten Testaments

Bibel ist das griechische Wort für Buch und zwar mit bestimmtem Artikel gebraucht: *die* Bibel – *das* Buch. Ein Buch sondergleichen will sie sein, als ob es andere Bücher neben ihr gar nicht gäbe, ein Superbuch, das seinen Konkurrenten auf dem Regal konkurrenzlos überlegen ist. Bibliotheken entbehrlich. So der Anspruch, den die Bibel wie einen Eigennamen vor sich herträgt: Ich bin das "Buch der Bücher", die Heilige unter den Schriften, einzigartig, wie die Geliebte unter den Frauen, einfach göttlich.

Wer den Deckel aufschlägt und das Inhaltsverzeichnis sieht, könnte aber auch zur gegenteiligen Vermutung kommen: "Buch der Bücher" sei weniger die Auszeichnung von etwas Singulärem als der Name für ein buntes Sammelsurium. Enthält es doch eine Menge disparater Teilschriften, durch die man sich an Florilegien, Kompendien und Aufsatzsammlungen erinnert fühlt. Für jeden Geschmack etwas, je mehr desto besser. Nicht einmal die Stückzahl scheint genau festzustehen. Man kann Bibeln mit 66 Teilen kaufen und gleich daneben andere mit 80, für nahezu den gleichen Preis.

Noch potenziert wird die Disparatheit durch unterschiedliche Textsorten, die selbst dem flüchtigen Leser ins Auge fallen. Lange Namensregister gibt es, dräuende Gesetzesreihen, Chroniken, Historien, Meditationen, Gebete und Liebeslyrik. Poesie und Prosa wahllos durcheinander. Wer heute so etwas seinem Verleger anböte, müßte mit einer Absage rechnen: Ein Potpourri von Gelegenheitsschriften. Zu heterogen. Unverkäuflich. Ich bedaure. Das Ganze sollte, wie überall, so auch hier, mehr als die Summe seiner Teile sein. Sonst fällt es auseinander wie ein Körper, wenn das "Seele" genannte Lebensband gerissen ist.

Die Frage nach der übersummenhaften Einheit der Schrift ist denn auch so alt wie die Schrift selbst. Man streitet, ob sie überhaupt eine Mitte hat, und – gesetzt den Fall – worin sie bestünde. Wo liegt ihr Zentrum? Darüber haben sich die Wege von Juden und Christen getrennt. Es sind aber auch im Christentum selbst verschiedene Auslegungstypen (= Kirchen) entstanden, die sich gegenseitig ihre Existenzberechtigung mit Bibelzitaten streitig machen:

Meine Bibel ist nicht deine Bibel. Die Schriftgelehrten werden es schon beweisen.

1 Sinn und Zweck

Möglichkeiten, den Streit der Interpreten in Grenzen zu halten, entstehen erst, wenn zwischen Sinn und Zweck, innerer Dignität und äußerer Nutzbarkeit unterschieden wird. Zwecke hat die Bibel viele, abhängig vom jeweiligen Interessenzusammenhang ihrer Leser. Man benutzt sie als Quelle von Allerweltszitaten ("Adam" bis "Zöllner"), als Fundus theoretischer Ideen für die Dogmatik, als Transportmittel für moralische Imperative, als Protokoll historischer Tatsachen. Sinn dagegen meint den Eigenwert von etwas, das, was die Dinge jenseits ihrer Brauchbarkeit in sich selbst bedeuten. Das ist mehr, als im Nutzen aufgehen kann, ist überfließend wie die Füllhörner antiker Fruchtbarkeitsgötter, oder wie die Überschwänglichkeit des Glücks, wenn Menschen vom Segen des Himmels so heimgesucht werden, daß sie nicht an sich halten können: "Wes das Herz voll ist, des geht der Mund über".[1]

Sinn heißt also erstens Geltungsautonomie: Vollsinn oder Sinnfülle als Transzendierung der Mittel-Zweck-Rationalität. Dazu kommt zweitens die teleologische Sinnerfüllung. Jemand hat etwas versprochen, das er nunmehr – wie erwartet – einlöst: "... dies geschah, auf daß erfüllt werde, was geschrieben steht ..." Erfüllung (griechisch "pleroma", lateinisch "plenitudo") geschieht, wenn Glaube (aufs Wort) und Hoffnung (auf die Zukunft) vor der Ankunft, der Gegenwart, der Parusie des Begehrten verblassen.

Beide, Sinn und Zweck der Schrift finden zusammen im Phantasma der Geburt (Entbindung, Menschwerdung, Eintritt des Verheißenen). Freigesetzt wurde es durch die Parallelisierung von Korpus und Textkorpus im Modus des Entstehens, der Ersterscheinung, des status nascendi. "Als die Zeit erfüllt war, sandte Gott seinen Sohn, von einem Weibe geboren".[2] Anthropogonie = Skriptogonie. Texte zeugen Texte wie Menschen Menschen zeugen. Es gibt neben der leiblichen auch so etwas wie eine textliche Schwangerschaft. Sie verdankt sich dem Väter zeugenden Lesegeist.

Eine Verheißung erfüllen, eine Frucht austragen, ein Erbe antreten und ein Testament eröffnen sind vergleichbare Vorgänge: vergleichbar hinsichtlich des Offenbarwerdens von verborgen Gewachsenem. Wer nach der Nullpunktsituation des Schöpfers fragen wollte, nach dem Wie des Machenkönnens, nach

---

1. Matthäus 12,34.
2. Galater 4,4.

dem ab ovo, käme zu spät. Das Leben ist da, es regt sich schon – nur sub-kutan. Was ihm noch fehlt, ist die Hebammenkunst, die Maieutik, um vom dunklen Drang erlöst den Weg ins Offene finden zu können, den Durchbruch in die Freiheit. Mehr nicht.

Sokrates hat die Funktion des Philosophen folgendermaßen beschrieben: "Wer mit mir verkehrt, macht die gleiche Erfahrung wie die gebärenden Frauen: Sie leiden an Wehen und werden bei Tag und Nacht von Zweifeln geplagt, mehr noch als jene. Diese Schmerzen kann meine Kunst wecken und stillen ... Zu entbinden zwingt mich der Gott, aber selbst gebären zu können, hat er mir versagt".[3] Wer die Weisheit liebt, kann über sie nicht autokratisch verfügen oder sie wie ein Schulmeister lehren wollen, als ob die Seele eine tabula rasa sei, die auf Indoktrination wartet. Ihre Vitalität muß als gegeben vorausgesetzt werden, um sich auf das Entbinden, Eröffnen und Erlösen zu beschränken. Sonst fruchtet sie nichts, die Einsicht, und gibt keinen Anlaß zum Feiern.

Diese maieutische Geistigkeit, die Sokrates zum Leitbild für den pädagogischen Idealismus gemacht hat, gilt analog für das Verhältnis zwischen Neuem und Altem Testament. Beide sind more maieutico verbunden worden durch die Schoßfunktion von Mose und den Propheten. Der alte Bund (Verheißung) wurde rückblickend zur Inkubationszeit für den neuen (Erfüllung). Israel ging mit Christus schwanger, weil es seinen Messianismus der Schriftlichkeit anvertraut hatte, in deren lichtem Dunkel die Wahrheit reifen konnte, um am Ende – "als die Zeit erfüllt war" – ins weihnachtliche Leselicht hinausgetragen zu werden. "Denn euch ist heute der Heiland geboren" (die himmlischen Heerscharen). Juden- und Christentum sind im gleichen Buchleib ausgetragen worden. Was sie trennt, ist nur der Schnitt einer sokratesanalogen Offen-barungshermeneutik, weisheitlich bedacht. – Die Analogie von anthropo-morphem und bibliomorphem Werden hat die Neuanfänge der Erfüllungs-schrift inspiriert.

2 Maria aber .....

Was wir vom Urchristentum wissen, ist griechisch fixiert worden, im helleni-schen Dialekt, der damaligen Weltsprache rings ums Mittelmeer. Und das zu fortgeschrittener Stunde, als man schon auf eine lange, in Bibliotheken gesammelte Literaturtradition zurückblickte. Um die Erstmaligkeit der eigenen Schreibe war es längst geschehen, als die Apostel zur Feder griffen. Damit hat um die Zeitenwende keiner mehr aufwarten können. Wer Lesenswertes sagen wollte, mußte es in Konkurrenz mit anderer Literatur ausweisen. So auch das

---

3. Theätät 150c. 151 af.

Neue Testament. Seinen Anspruch, neuer, besser, größer zu sein, trägt es hörbar vor sich her. Die Anfänge der Evangelien zeigen, wie die Überbietung ins Werk gesetzt wurde.

Es dürfte mehr als ein Zufall sein, daß das erste Wort "biblos" heißt: "biblos geneseos Jesu Christou ...", das "Buch der Genesis Jesu Christi, des Sohnes Davids, des Sohnes Abrahams ...". So beginnt Matthäus und mit ihm das Neue Testament durch Wiederholung der Genesis am Beginn des Alten. Nach "... des Sohnes Abrahams" muß man sich einen Doppelpunkt denken, denn was darauf folgt, ist ein langatmiger Stammbaum Christi, der seine Herkunft kursiv aus allen Schriften zusammenliest, von Mose angefangen bis herab zu Josef, "dem Mann Marias, von der Jesus geboren wurde, der Christus heißt".[4]

Ähnlich verfährt Markus, der – mutmaßlich – die Gattung "Evangelium" erfunden hat. Seine Oberzeile lautet: "Anfang (arché) des Evangeliums Jesu Christi, des Gottessohnes". Sie wird gefolgt von einem Mischzitat aus Deuterojesaja, Maleachi und dem 2. Buch Mose: "Wie geschrieben steht beim Propheten Jesaja: 'Siehe ich sende meinen Boten vor dich her, der deinen Weg bereiten soll. Es erschallt die Stimme eines Rufers in der Wüste: Bereitet den Weg des Herrn, machet seine Straße eben'".[5] Auch Markus beginnt mit der Präexistenz Christi im prophetischen Schrifttum Israels. Das Evangelium beginnt nicht im schriftfreien, im illiteralen, im analphabetischen Raum.

Und vollends dann die Wiederholung der mosaischen Schöpfungsgeschichte im Prolog des Johannesevangelium. Sie läßt die Gotteswelt neuschöpferisch in Erfüllung gehen durch die Niederschrift der Geburt des Gottmenschen, der das Ebenbild der Wahrheit von Genesis 1 darstellt. "Gott sprach: Es werde Licht – und es ward Licht". "Im Anfang war das Wort ... Alles ist dadurch entstanden ... In ihm ist das Leben, und das Leben ist das Licht der Menschen ... Wir sahen seine Herrlichkeit".[6]

Am explizitesten ist die Überbietungsabsicht von Lukas ausgesprochen worden:

"Da nun schon viele es unternommen haben, eine Erzählung der Ereignisse abzufassen, die sich unter uns zugetragen haben, wie sie uns diejenigen überliefert haben, die von Anfang an Augenzeugen gewesen sind und Diener des Wortes, hielt auch ich es für gut, nachdem ich allem von vorn an genau nachgegangen, es der Reihenfolge nach für dich aufzuzeichnen,

---

4. Matthäus 1,16.
5. Markus 1,1-3.
6. Genesis 1,3. Johannes 1,1. 3f. 14.

hochangesehener Theophilus, damit du die Zuverlässigkeit der Dinge erkennst, über die du unterrichtet worden bist."[7]

Es spricht der Ehrgeiz des Historikers, der in Konkurrenz mit anderen die Geschichte erstmals authentisch, vollständig und in sich folgerichtig darzustellen verspricht. Was ihren Anfang betrifft, sieht er sich freilich genötigt, ins Halbdunkel aus Dichtung und Wahrheit hinabzusteigen. Aller Anfang liegt im Verborgenen, zumal der des Geistes. Der Geist der Schrift ist im Grunde verborgen. Wie sollte er sonst seine Fruchtbarkeit bezeugen.

Lukas schickt die archäologische Frage nach dem Anfang auf den Gang zu den Müttern. Seine Geburtslegenden leisten das Gleiche wie der Stammbaum bei Matthäus, das Mischzitat bei Markus und die Mosezitation bei Johannes. Nur tun sie es mit einer Entstehungsgeschichte, die Inkarnation und Schrifterfüllung konfiguriert im Phantasma der Zeugung.

"Da sprach der Engel zu ihr: Fürchte dich nicht, Maria! Denn du hast Gnade bei Gott gefunden. Und siehe, du wirst schwanger werden und einen Sohn gebären; und du sollst ihm den Namen Jesus geben. Dieser wird groß sein und Sohn des Höchsten genannt werden, und Gott der Herr wird ihm den Thron seines Vaters David geben, und er wird König sein über das Haus Jakob in Ewigkeit, und seines Königtums wird kein Ende sein. Maria aber sagte zu dem Engel: Wie soll das zugehen, da ich von keinem Manne weiß? Und der Engel antwortete und sprach zu ihr: Der heilige Geist wird über dich kommen und die Kraft des Höchsten wird dich überschatten; daher wird auch das Heilige, das gezeugt wird, Sohn Gottes genannt werden. Und siehe, Elisabeth, deine Verwandte, auch sie erwartet einen Sohn in ihrem Alter; und dies ist der sechste Monat für sie, die unfruchtbar hieß. Denn 'kein Wort, das von Gott kommt, wird kraftlos sein'. Maria aber sprach: Siehe, ich bin des Herrn Magd; mir geschehe nach deinem Wort! Und der Engel schied von ihr."[8]

In diesem Text gründet die Konzeption, der Zeugungs- und Empfängnisakt des Lukasevangeliums. Das haben die bildenden Künstler in Byzanz und im Mittelalter oft besser erkannt als unsere historisch-kritischen Exegeten. Die Textdramaturgie wurde fixiert auf Marias Einwilligung: "Ich bin des Herrn Magd; mir geschehe nach deinem Wort!" Ihre Demut ist mit Spindel und Garn ins Bild gesetzt worden (ancilla Domini), die Hoheit der kommenden Gottesmutter mit Thron und Krone (Theotokos), der überschattende Geist

---

7. Lukas 1,1-4.
8. Lukas 1,30-38.

durch die von oben niederfahrende Taube, und zum Zeichen dafür, daß Maria ohne die Schrift Christus nicht hätte empfangen können, wurde ihr das Alte Testament vorgelegt – weit geöffnet. Die Maler wußten genau, wo sie vom Clair-obscure der Schriftzeugung übermannt worden war: Jesaja 7,14 und zwar griechisch gelesen. Im Hebräischen steht *almah*, die junge, geschlechtsreife Frau: "Eine junge Frau ist schwanger und wird einen Sohn gebären." Die Septuaginta dagegen übersetzt mit *parthenos*: Jungfrau und vollzieht so einen auch gynäkologisch lesbaren Bedeutungswandel, über dessen Gründe die Gelehrten bis heute rätseln. War es ein so trivialer wie schwerwiegender Übersetzungsfehler, oder hat jemand höheren Orts den Griffel geführt, um das ab ovo des Geistes mit der nötigen Diskretion zu behandeln? Schwer zu sagen. Maria konnte mit biologisch guten Gründen an der Realisierbarkeit der Septuagintaübersetzung zweifeln. Was ihr widerfuhr, war aber nichts anderes als das vom hebräischen Original Verheißene: "... und wird einen Sohn gebären und ihm den Namen Immanuel geben, Gott ist mit uns". Ob mehr hinein- als herausgelesen? Wer wüßte es unfehlbar zu sagen? An ihren Früchten sollt ihr sie erkennen, die Wahrheit, wie sie im Buche steht, vom Buchstaben verschrieben, vom Geist erlesen.

* * *

"Mater certa, pater semper incertus" lautet ein Topos alteuropäischer Schriftkultur: die Mutter ist gewiß, weil identifizierbar anhand der Entbindung, der Vater ungewiß, da die Zeugung nicht gewußt und nicht gemacht werden kann, wie planrational ins Werk gesetzte Produktionshandlungen. Ein Altes Testament, das als Mutterleib für den in ihm ausgetragenen Erlöser vom Joch des Buchstabens gelesen wird, muß die Fiktion des strategisch operierenden Autors ersetzen durch das Halbdunkel des zeugend bezeugten Schriftgeistes. Das geschieht alle Jahre wieder, wenn in der Weihnachtsliturgie die Fruchtbarkeit von Jesaja 7, 9 und 11 zitiert wird: "Siehe, eine junge Frau ist schwanger". "Das Volk, das im Finstern wandelt, sieht ein großes Licht". "Ein Reiß wird hervorgehen aus dem Stamme Isais und ein Sproß aus seinen Wurzeln Frucht tragen. Auf ihm wird ruhen der Geist des Herrn". "Ein Kind ist uns geboren, ein Sohn ist uns gegeben und die Herrschaft kommt auf seine Schulter und er wird genannt: Wunderrat, starker Gott, Ewigvater, Friedefürst. Groß wird die Herrschaft sein und des Friedens kein Ende auf dem Thron Davids".

VIII

Vom Herrgott zum Vatergott

Maria depotenziert den schöpfertheologischen Absolutismus

Wer zweimal anfängt, muß beim erstenmal etwas falsch gemacht haben, das er zu verbessern wünscht, um dem erkannten Mangel abzuhelfen. Warum sonst würde er sich der Mühen unterziehen, noch einmal ans Werk zu gehen. Die Premiere muß ihn irgendwie nicht befriedigt haben. Ein Doppelanfang berechtigt allemal, auf Selbstkritik, Selbstkorrektur und Selbstüberbietung des Initiators zu schließen. Sein Zweites muß das Beste sein, nicht das Erste.

Die Annahme gilt auch für die auf ein und denselben Gott zurückgehende Zweiteiligkeit der Bibel aus Altem und Neuem Testament. Wenn schon nicht er selbst, so ist doch zumindest der in seinem Namen räsonierende Theologe, der monotheistische, das "sola scriptura" im Schilde führende Schriftgelehrte verpflichtet, beide Anfänge so von einander absetzen zu können, daß der Leser sie als Konkurrenzangebote vergleichen und sich aufgrund objektiver Qualitätsmerkmale für das zweite entscheiden kann. Warum verdient das Proömium des Neuen Testaments den Vorzug vor dem des Alten Testament? Was macht die Vision der Offenbarung im Prolog der Evangelien der der Schöpfung am Beginn der mosaischen Genesis überlegen? Das ist die Frage aller Fragen für den Einheitssinn des Doppelkanons.

Vorweg sei daran erinnert, daß schon die Schöpfung selbst zweimal erzählt wird: einmal priesterschriftlich in Gestalt des Sechstagewerkes (1. Mose 1) und einmal jahwistisch als Geschichte von Paradies und Sündenfall der Urmenschen Adam und Eva (1. Mose 2f). Erinnert sei auch an "Frau Weisheit", die neben der Heilsgeschichte und den Propheten eine eigenständige Denkungsart im Alten Testament begründet hat (S. 67f).

Beide, Schöpfung und Weisheit, bringen mit der symbolisierten Geschlechterdifferenz (Mann – Frau) schon jenes Motiv ins Spiel, das den Neuanfang des Neuen Testaments entbinden wird. Ich möchte aber diese inneralttestamentlichen Anbahnungen nicht weiter verfolgen, um die Kontrastierungsfunktion der Maria nicht abzuschwächen. Sie, die Muse und Urmutter des Christentums, steht für den Wechsel der protologischen Leitmetaphern in statu nascendi: vom Herrn zum Vater, vom Herrgott zur Vatergottheit. Die Dogmatik pflegt ihren Revisionsprozeß mit Begriffen wie Kondeszendenz, Inkarnation oder Selbstentäußerung des Absoluten zu bezeichnen. Laienhaft wäre das Gemeinte am besten mit der Vokabel Niederkunft zu evozieren.

Die Voraussetzung für den Anfang des Alten Testaments ist die Fiktion vom absoluten Autokratengott. Absolut heißt losgelöst von allem anderen gedacht, ganz allein, ein perfekter Solist, der alles spontan aus sich heraussetzen kann kraft seiner Allmacht, seiner Omnipotenz. Die aber muß sprachlicher Natur sein, weil die mächtigste Ausdrucksform, bei der am wenigsten Kraft aufgewandt wird, widerspenstige Materie zu überwinden, das Sprechen ist, das Produzieren von Werken mit dem Mund. Man muß nur die für Menschen kennzeichnende Differenz zwischen Sagen und Sein, Wille und Tat, Wunsch und Wirklichkeit wegdenken, wie es annäherungsweise bei Diktatoren und Diktatorinnen geschieht, denen servile Geister, Knechte und Mägde, die Gedanken von den Lippen ablesen, so daß ihre Befehle schon erfüllt sind, kaum daß sie artikuliert wurden. Die Idealisierung dessen ergibt den Schöpfergott. Bei Gott dem Schöpfer fallen Diktum und Faktum, die Tätigkeit des Sagens und das Sehen des Gesagten, seine vorgängige, innersubjektive Intention und deren objektive Realisierung zusammen, ohne zeitlichen oder logischen Abstand. Mundwerk = Weltwerk. Der Allmächtige ist ein Herrscher, dessen Selbstverwortung die Schöpfung aus Nichts ins Dasein ruft, um ein Echo seiner Allmacht zu haben: ICH bin Gott der Herr, dessen Imperativ: "Es werde ..." koinzidiert mit der indikativischen Feststellung: "Es ist: Licht". So ich gebiete, so steht's da, gespiegelt im sabbatlichen Summa cum laude: "Sehr gut!" seinsperfekt, da geschaffen durch reines ICH-Sagen (64f).

Soweit die Anfangsphantasie des Alten Testaments: die creatio ex nihilo, das Sein aus nichts, nichts anderem als dem Deus dixit. Aus Gott – durch Gott – zu Gott. Würde man Maria fragen, was von dieser monologen Selbstverwirklichung zu halten sei, hieße die Antwort: Steril! Die autokratisch-technomorphe Handlungsform muß ihre Allmacht mit menschlicher Unfruchtbarkeit bezahlen. Omnipotenz = Impotenz. Menschen sind vom Weibe geborene Wesen und als solche Kreaturen, die ihre Existenz aus einem rational unbeherrschbaren Woher hinzunehmen gehalten sind. Darum muß der Schöpfer, soll er menschlich werden, sich seiner autistischen Willkür entäußern und jene Fertilität an den Tag legen können, die das Symbolwort Vaterschaft meint. Die aber kann nicht ohne eine entsprechende Frauen- und Mutterrolle das Licht der Welt erblicken. Das Ursprungsphantasma muß doubliert werden.

Deshalb nun das Imaginarium der Neuschöpfung. Historisch ist der Sprung durch das Schlüsselwort inspiriert worden, mit dem der Nazarener Epoche gemacht hat: das "Abba", die Gebetsanrede Gottes als Vater, besser noch als Papa, wie aus dem Mund von Kleinkindern, die mit dem Vokativ den autoritativen Haftpunkt für die Atmosphäre familiarer Seinsvertrautheit beschwören. Damit ist eine Revolution der Denkungsart vollzogen worden, die für den Jahweglauben inakzeptabel war, weil sie den Vorsprecher des Pater noster in die Aura sohnhafter Gottgleichheit entrückte. Und auf solche Hybris stand in Israel die Todesstrafe. Statt den historischen Spuren weiter nachzugehen, will ich gleich ins Auge fassen, wie Jesu Gottessohnschaft in den Evangelien genealogisiert worden ist.

Halten wir uns an die Darstellung der Epiphanie, die Lukas vorgenommen hat. Er zerlegt sie in drei aufeinanderfolgende Akte, was selbst schon Kritik impliziert, da die herrische Monoaktion: "So ist es!" dementiert wird.

Erstens die Ankündigungsszene zwischen dem Erzengel Gabriel und Maria, der verlobten Jungfrau oder jungen Frau in Nazareth (Lukas 1, 26-38). Sie spielt im nächtlichen Dunkel und ist gefüllt mit der Wechselrede von übergroßen Verheißungen und schnippisch ängstlicher Kleingläubigkeit: "Wie soll das zugehen, da ich von keinem Manne weiß?" Am Ende steht die Übereinkunft aus freien Stücken. Dort der "überschattende Geist", hier das "Mir geschehe nach deinem Wort". Überschatten ist ein Tabuwort für die Fertilisierung, den Konzeptionsakt aus Zeugung und Empfängnis. Maria erklärt sich empfangsbereit, willigt ein in ihre mögliche Mutterschaft. Hierbei liegt die Betonung auf "möglich", denn das Ob oder Ob nicht der Verwirklichung steht auf einem anderen Blatt. Von der Fruchtbarkeit als solcher gibt es kein Wissen nach Art des Fiat lux! Die Liebe fruchtet – wenn sie denn fruchtet – inkognito, unbegreiflich für den produktionistisch denkenden Herrn der Schöpfung.

Zweitens die Magnificat-Szene (Lukas 1, 39-56). Sie findet Wochen später statt, als Maria während eines Besuches bei ihrer Verwandten Elisabeth erstmals die werdende Mutterschaft spürt. Spontan – aber in wohlgesetzten Versen – bricht ein Hymnus über die großen Taten Gottes aus ihr hervor: "Er hat Macht geübt mit seinem Arm, / Hat zerstreut, die hochmütig sind in ihrem Herzen / Und Gewaltige vom Thron gestoßen". Das schließt eine Beteiligung der dienstbaren Magd am Gottesruhm nicht aus: "Von nun an werden mich selig preisen alle Geschlechter auf Erden". Mehr noch. Nimmt man das erste Wort, das ihre Rede in der Tat allbekannt gemacht hat, ernst, tritt eine Kühnheit zutage, die nahezu blasphemisch anmutet: "Magnificat anima mea Dominum". Das ist der Urlaut des Evangeliums aus dem Munde der Urmutter des Christentums: Meine Seele "erhöht" Gott, macht ihn groß über das Höchstmaß dessen hinaus, was er als Herrgott aus Eigenem zu sein vermag. Es ist mein Gott, und Ich heiße Maria.

Die Szene spielt – wie gesagt – unter Frauen, weil Menschwerdung primär Frauensache ist. Der daran ursächlich mitbeteiligte Mann steht verschattet im

Hintergrund, um auf das erlösende Wort aus fremdem Mund zu warten. Er kann es sich nicht selbst sagen. Es kommt von der Kinderseligkeit derer, die ein leibeignes Verhältnis zur Pränatalität haben und überdies das Privileg besitzen, die dafür ursächlich verantwortliche andere Hälfte ihrer selbst namentlich identifizieren zu können. Zur Elternschaft gehören zwei, Mann und Frau, aber nur sie, die schwangere, zur Mutter werdende Frau kann ihm, dem Mann, die Fruchtbarkeit des Vaters attestieren und ihn vorgreifend zum Erzeuger ihres Kindes ernennen – auch das eine Art Schöpfung durch das Wort. Das weiß Maria in aller Demut und das hat ihre Neuschöpfung inspiriert. Das Magnificat soll das Opus magnum des Sechstagewerkes am Anfang des Alten Testaments übertrumpfen. Fruchtbarkeit ist mehr als Schöpfung. Maria dixit.

Drittens das Weihnachtsszenarium (Lukas 2,1-20). Die altkirchliche Dogmatik benennt das unterscheidend Christliche mit der Differenz von "genitum" und "factum": "genitum non factum". Christus sei generiert, gezeugt, empfangen und geboren worden, nicht gemacht, wie Kunstwerke, Produkte oder andere Fabrikate gemacht werden. Für die Weihnachtsszene müßte man noch einen Schritt weitergehen und "natum non genitum" sagen: geboren – nicht nur geworden. Wie im Magnificat die Männerrolle tritt nun auch die Frauen- qua Mutterrolle in den Hintergrund. Auch Maria wird entbunden vom selbstbewußten Sichrühmen ihrer Fruchtbarkeit. Die Generativität männlicher- wie fraulicherseits verschwindet hinter der Natalität des Daseins, der Epiphanie des Lebens, das mit ureigenem Recht ins Licht der Welt hinaustritt, immun gegen alle Reduzierbarkeit auf davorliegende Absichten, Vermögen oder Fähigkeiten der Hervorbringer. Sie werden vom messianischen Glanz der Geburtlichkeit in den Schatten gestellt, alle Jahre wieder. "Denn euch ist heute der Heiland geboren". Frohe Botschaft.

Weihnachten als Finale des Protevangeliums verstanden macht vollends deutlich, was die Primordialfiktion des Neuen Testaments vorteilhaft von der des Alten unterscheidet: die Depotenzierung des schöpfertheologischen Absolutismus durch den "spiritus vivificans" einer Neuschöpfung aus dem Geist der Liebe. Der Schöpfergott des Mose war ein Potentat, der von seiner Kreation nicht sonderlich affiziert wurde. Er sonnte sich selbstgefällig in ihrem Glanz oder ließ seine Omnipotenz im Kleinformat von Adam nachbilden, der Eva in herrischer Manier an sich riß, kaum daß er ihrer ansichtig geworden: "Das ist Fleisch von meinem Fleisch und Bein von meinem Bein". Nichts dergleichen an Weihnachten: keine Aneignung, kein urheberrechtlicher Besitzanspruch, kein Rekurs auf vorgängige Potenzen. Neuschöpfung erschöpft den zirkelhaft in sich verkrümmten Möglichkeitssinn der Generatoren, erlöst ihn durch die zutagetretenden Liebesfolgen vom Autismus des Potentatentums. Mit anderen Worten: der Rückweg ins Paradies idealistischer Vermögensspekulationen, seien sie spontan (männlich), rezeptiv (weiblich) oder synthetisch (koital) schematisiert, wird an Weihnachten versperrt. Maria steht ja auch in Bethlehem wieder ähnlich ratlos da wie anfangs in Nazareth. Sie "hörte alle diese Worte und bewahrte sie in ihrem Herzen" – schweigend. Ihrer Depotenzierung des Allmächtigen mußte die eigene Ohnmacht gegenüber dem Eigenleben des Inkarnierten folgen. Das liegt in der Natur der Weihnachtssprache. Die Natalität des Erlösers ist der Beginn einer Passion, die aus der am Anfang königlich auftrumpfenden "Magd des Herrn" am Ende die "mater dolorosa" unter dem Kreuz Christi machen wird.

* * *

Der so zur Welt Gebrachte hat sein evangelisches Erstgeburtsrecht zu nutzen gewußt. Er machte die Schöpfersymbolik durch Umsymbolisierung dienstbar für sein Nahebringen der Botschaft vom Gottesreich auf Erden. "Nennt niemanden auf Erden euren Vater, denn *einer* ist euer Vater, der himmlische".[1] Die Vergewisserung unseres Menschseins aus einem allerersten Woher – Kernthema der Religion – kann an leiblichen Erzeugern ohnedies nicht festgemacht werden. Im gleichen Atemzug konnte Jesus aber auch die mütterlichen Anspruchsrechte von sich weisen, bis hin zum harschen: "Weib, was habe ich mit dir zu schaffen".[2] Und am Kreuz vollends wurde die Natur auf den Kopf gestellt, indem er, zu Maria gewandt, sagte: "Weib, siehe dein Sohn" und zu Johannes gewandt: "Siehe, deine Mutter".[3] Hier geht die natürlicherweise an die Frauenrolle gebundene Benennungshoheit bezüglich der Vaterschaft des Mannes über an den Sohn, der seinerseits die im Geist der Gotteskindschaft erzeugte Familiarität der Gemeinde testamentarisch ins Werk setzt. – Dieses Umwidmen archäologischer Naturbestände (Gott *Vater, Sohn* und *Mutter* Kirche) darf – nota bene – nicht verwechselt werden mit der Überlegenheitsunterstellung des absoluten Selbstschöpfers. Was Neuschöpfung heißt, ist aus dem Symbolpotential der Humanarchäologie geschöpft worden. Ohne die Musenfunktion der Maria wäre das nicht möglich gewesen. Sie ist ein konstitutiver Faktor des Evangeliums.

---

1. Matthäus 23,9.
2. Johannes 2,4.
3. Johannes 19,26.

IX

Bei Tisch

Jesus als Schöpfungsdichter

Für die Frage nach dem Allerersten, hinter das sinnvoll nicht mehr zurück-gefragt werden kann, hält die Bibel zwei Antworten bereit: "Im Anfang schuf Gott Himmel und Erde" ("En arche epoiesen ho theos ...". "In principio creavit Deus") und "Im Anfang war das Wort" ("En arche en ho logos". "In principio erat verbum"). Dort die Kreation des Archipoeten (1. Mose 1,1) – hier ihre Rekreation des Logos: Christus. Genesis der Welt durch den Schöpfer Himmels und der Erden – Palingenesie durch den Dichter der Himmelreichs-gleichnisse. Schöpfung und Offenbarung = Schöpfungsoffenbarung: so lautet das Doppelprinzip des Kanons aus Altem und Neuem Testament.

Jesus als König, Priester, Prophet und Lehrer zu sehen, entspricht alter Tradition: Er ist der verkannte, verleugnete und verhöhnte König mit der Dornenkrone; der sich selbst opfernde Sühnepriester, welcher alle Sünde der Welt trägt; der Prophet mit dem Wissen um die eschatologische Zielbestim-mung des Menschengeschlechts; und der Lehrer der Gerechtigkeit mit dem Manuskript der Bergpredigt in der Hand: "Ich aber sage euch ..." Ihn auch in der Rolle eines Dichters zu sehen, als Sprachkünstler nach Art Homers, Äsops, Shakespeares oder Kafkas, das ist eine Novität der jüngsten Vergangenheit, erst 30 Jahre alt.

"Jesu Gleichnisse sind genuine Kunstwerke, reale ästhetische Objekte".[1] "Die religiöse Sprache der Gleichnisse ist ein Fall dichterischer Sprache."[2] Die Parabel "ist ein poetisches Kunstwerk: die Miniaturausgabe eines in Erzählung gefaßten Bühnenstücks".[3] "Das Gleichnis spricht inkarnatorisch."[4]

---

1. D.O. Via: Die Gleichnisse Jesu, München 1970, S. 9.
2. P. Ricoeur: Biblische Hermeneutik, in: W. Harnisch: Die neutestamentliche Gleichnisforschung im Horizont von Hermeneutik und Literaturwissenschaft, Darm-stadt 1987, S. 316.
3. W. Harnisch: Die Gleichniserzählungen Jesu, Göttingen 1985, S. 12.
4. H. Weder: Wirksame Wahrheit, in: Die Sprache der Bilder, Gütersloh 1989, S. 105.

Die poetologische Gleichnisforschung hat den Dauerstreit zwischen historischer und dogmatischer Methode verlassen. Tertium datur! Sie fragt nicht nach dem toten Rabbi von Nazareth und nicht nach dem auferstandenen Kyrios der Urgemeinde. Ihr Thema ist der Erzähler der Allerweltsgeschichten vom "Samariter" über den "verlorenen Sohn" bis zur "Perle im Acker". Frei erfunden sind sie, seine Gottesreichgleichnisse, wie Fabeln aus Kinder- und Dichtermund. Man muß ihnen nicht glauben und kann sie nicht lehren. Sie begründen kein Vertrauensverhältnis und dokumentieren keine Tatsachen, auf die die Rückfrage fällig wäre: Stimmt das? Hat es den Samariter gegeben? Historische Faktizität interessiert nicht. Jesus malt eine Sinngestalt in die Luft, deren Reich nicht von dieser Welt ist. Ihr Zauber lebt von der Möglichkeit, in der Welt gegenweltlich, im Alltag alltagstranszendent und in der Prosa poetisch inspiriert zu werden. Dichtungen bescheren Augen- und Ohrenwunder der schmerzhaft beglückenden Art. Wie beim Ei des Columbus lassen sie die Dinge so verblüffend neu erscheinen, daß man sich im nachhinein über die eigene Phantasielosigkeit ärgert. Faszination und Schrecken fallen in ihrer Offenbarung zusammen: fasziniert von der Selbstevidenz des Natürlichen ("Natürlich! Selbstverständlich! Das hätte ich auch gekonnt! Ist doch kinderleicht!") – erschreckt über eine Selbstverblendung, von der im nachhinein nicht einmal gesagt werden kann, wie sie vermeidbar gewesen wäre. "Wer sein Leben findet, der wird es verlieren, und wer es verliert um meinetwillen, der wird es finden"[5] – spricht der Parabeldichter.

Als Jesus von seinen Jüngern nach Sinn und Zweck der Gleichnisse gefragt wurde, hat er eine Antwort gegeben, die man im Vokabular der Theaterwelt tragikomisch nennen würde. Sie vereint den schicksalhaften Sturz in die Verstörung (Tragödie) mit einem sich in Wohlgefallen auflösenden Scheinkonflikt, als ob es ein Streit um nichts gewesen sei (Komödie).

"Wer hat, dem wird gegeben werden, und er wird Überfluß haben; wer aber nicht hat, dem wird auch das genommen werden, was er hat. Deshalb rede ich in Gleichnissen zu ihnen, weil sie mit sehenden Augen nicht sehen und mit hörenden Ohren nicht hören und nicht verstehen. Und es erfüllt sich an ihnen die Weissagung des Jesaja, welche sagte: 'Hören werdet ihr und nicht verstehen, und sehen werdet ihr und nicht erkennen. Denn das Herz dieses Volkes ist verstockt und ihre Ohren sind schwerhörig geworden und ihre Augen haben sie geschlossen, damit sie nicht etwa mit den Augen sehen und mit den Ohren hören und mit dem Herzen verstehen und sich bekehren und ich sie heile'."[6]

---

5. Matthäus 10,39.
6. Matthäus 13,12-15.

Intakte Sinne zu haben, die an der Wahrnehmung evidenter Sachverhalte vorbeigehen, ist so grotesk wie ein Leser, der sein Gesicht verschleiert, um nicht sehen zu müssen, was geschrieben steht. Paulus hat es "Schuppen vor den Augen" genannt und – nachdem sie ihm vor Damaskus heruntergefallen waren – die gleichen Worte zitiert: "Hören werdet ihr ..." Sie stammen von Jesaja, der das Rätsel, warum Offenbartes ignoriert wird, "Verstockung" nannte und sie auf den Allmächtigen selbst zurückführte. Jesus zitiert diesen schwersten aller Gedanken, daß Gott selbst noch für die Mißachtung seiner Souveränität durch die Geschöpfe verantwortlich sein soll, um zu sagen, warum die Gleichnisse keine Akzeptanz erzwingen können und erzwingen wollen. Ihre Wahrheit ist nicht rationaler Natur. Sie sprechen vom Wunder aller Wunder, welches keines ist: Gott, der allmächtige Schöpfer des Himmels und der Erden kann als solcher nur durch die Ohnmacht neuschöpferischer Poesie zur Anerkennung gebracht werden. Der Rest ist Verstockung – wie schon die Schriftprophetie beweist.

Die Gleichnisforschung hat beim Phänomen der Metapher eingesetzt. Metaphern sind Sprachsynthesen, die getrennte Sachgebiete kombinieren, um das Verständnis des einen im Licht des anderen zu verjüngen. Metaphorisch reden heißt Ungleiches vergleichbar machen, so daß die rationale Verstandeswelt und ihre Maxime: Herrschen durch Unterteilen (Caesar: "Divide et impera!") überspielt werden. An ihre Stelle tritt die Bedeutungsfamilie aller Dinge. Metaphern familiarisieren, was "Schöpfung" heißt. Jesu Grundmetapher war die Haus-Welt oder das Welt-Haus: oikos – kosmos. Dort das übergroße All der Dinge, aus der Transzendenz gesehen – hier das vom Kindersinn beseelte Integral des Hauswesens. Die Gottesreichgleichnisse domizilieren die Kosmologie und kosmologisieren umgekehrt das väterliche Domizil.

"Mit dem Reich Gottes verhält es sich wie mit ..." jemandem, der etwas aussät und dann schlafen geht, oder: wie mit einer Frau die einen Groschen verliert und deshalb das ganze Haus auf den Kopf stellt, oder: wie mit einem Weinbergbesitzer, der sich zur Erntezeit Arbeiter verdingt, oder: wie mit einem Geldgeber, der sein Kapital verleiht, um Mehrwert erarbeiten zu lassen, oder: wie mit einem Hirten, der ein Schaf verliert, oder "wie mit einem Mann, der hatte zwei Söhne. Und der jüngere von ihnen sagte zum Vater, gib mir den Teil des Vermögens, der mir zukommt ..." So beginnt das bekannte Gleichnis vom verlorenen Sohn, der nach dem Auszug aus dem Vaterhaus dort am Ende auch wieder ankommt.

Das Bildmaterial der Parabeln entstammt der Lebenswelt von Haus und Feld, Ernährung und Vermehrung, Tisch und Bett, Eltern und Kindern, Wohnen und Wirtschaften, Herr- und Knechtschaft, Broterwerb und Hungerleiden, Arbeiten und Feiern, Geld und Schulden usw. Im Hellenismus wäre das als unpolitisch empfunden und als zweitrangig abqualifiziert worden. Griechen und

Römer ließen die Hauswelt hinter sich, wenn sie in die Polis, die Res publica hinaustraten, um durch Streben nach Ruhm, Schönheit und Gerechtigkeit sich der göttlichen Seinsordnung zu nahen. Das Judentum dagegen lebte seit dem Verlust seiner Eigenstaatlichkeit im verklärten Imaginarium der Sinaiwelt: dem "Zelt der Begegnung", in dem Mose mit Gott per Du verkehrte, "wie ein Freund mit einem Freunde..., von Angesicht zu Angesicht" (S. 109). Hundertstimmig hallt diese Vertraulichkeit im Psalter, dem Gebetsbuch der Synagoge, wider. Und in deren Aura ist Jesus religiös sozialisiert worden. Aus ihr stammt die atmosphärische Grundtönung seines Dichtens und Denkens, wie am deutlichsten aus dem "Pater noster" hervorgeht: "Vater unser, der du bist im Himmel ..." Die Idealisierung "Himmel" meint größte Erhabenheit, wird aber über den "Vater" verbunden mit der Familiarität eines kleinkindlich erlebten Elternhauses. Und das "unser ..." schließt potentiell alle ein in die solidarische Nähe des Wir. Wir Erdenmenschen, geboren, eingeboren, geliebt und gewiegt "wie in Abrahams Schoß".[7] "Abba ho pater", Papa, lieber Vater.[8] "In meines Vaters Haus sind viele Wohnungen".[9]

Jesu poetische Gleichung von Oikos und Kosmos unter Auslassung der Polis ist zur christlichen Alternative für die Kosmopolitie des Hellenismus geworden. Ein Kosmopolit war er nicht, aber ein Schöpfungspatriot. Lukas, der poetischste unter den Evangelisten, hat die Konkurrenz so dargestellt, daß er vom Palast des Kaisers, des "pater patriae" zu Rom, das Gebot einer ökumenischen Volkszählung ausgehen läßt, die ihre Erfüllung "in der Armut dichterischer Hütte"[10] zu Bethlehem finden sollte.

* * *

Kaum daß man eingekehrt ist und sich niedergelassen hat, einen gemütlichen Abend zu verbringen, ofennah im Eck und königlich bedient, wie in guten alten Zeiten, hier im einzigen Gasthaus am Ort, gleich neben der Kirche, hinterer Odenwald, Badisch-Sibirien, letzter Winkel der Republik, da hebt die Unrast auch schon wieder an. Soll es denn nie ein Ende haben? Lesebrille suchen, um die Speisekarte zu studieren. Es wird eine lange Tour, Duft der großen weiten Welt, rings um den Globus: vom Pfälzer Saumagen über die Quiche Lorraine, das Zürcher Geschnetzelte und die Wiener Schnitzel bis zu Spaghetti Bolognese und Kretaspieß, dann Asiatisches vom Bombay-Grill über Kyoto-Tofu bis zur Peking Ente, und schließlich von Hawaii-Toast, Big Mac,

---

7. Lukas 16,22.
8. Markus 14,36.
9. Johannes 14,2.
10. Aus Novalis 5. "Hymne an die Nacht".

Astronautennahrung und Norwegischen Lachs zurück zum Hamburger, damit der Kreis sich schließt. Völker aller Länder, vereinigt euch zur kulinarischen Internationale. Die Gefriertruhe im Hinterhof macht es möglich.

Über Geschmack läßt sich nicht streiten, das haben die Ästhetiker seit Kant tausendfach unter Beweis gestellt. Was in concreto aber wenig nützt, da entschieden werden muß. Man kann nicht alles zugleich haben. Qual der Wahl, die Not ist groß.
– Was darf ich Ihnen bringen?
– Einen Augenblick noch.

Wer sich gegenläufig vom gastronomischen Pluralismus ans heimische Sprichwort "Bleibe im Lande und nähre dich redlich" erinnern läßt, landet diesen Orts unfehlbar beim "Bauernomelette". Auch das ist ein halbwegs französisches Gericht, es steht aber "nach Art des Hauses" dahinter, und das sind Worte, die den Geschmack von Familientradition, Bodennähe und Urtümlichkeit mit sich führen. Sie rufen den Primärtopos der Biographie in Erinnerung, die Aura der Tischgemeinschaft im Elternhaus: Vater, Mutter und Geschwister, vereint im Fokus gemeinsamen Riechens, Sehens und Schmeckens. Ob Dichtung oder Wahrheit, was soll's, man fühlt sich ökomorph familiarisiert, wie zu Hause. Herz, was willst du mehr.
– Also Bauernomelette.
– Und was zu trinken?
– Was trinkt der Wirt?
– Selbstgebrautes.
– Ich auch.

So etwa kann heute nachgespielt werden, was mit "Himmel und Erde" geschehen ist, als sie neuschöpferisch verdichtet wurden. Jesus hat sie aus der Adlerperspektive von Gottes Präexistenz heruntergeholt in die Froschperspektive einer Lebensweltanschauung nach Kinder- und Dichterart. Seine poetische Gläubigkeit nimmt sich das Recht, in die ebenerdige Empirie einen evangelisch freien, einen weihnachtlichen Mehrwert einzuspielen, der maßlos viel zu denken gibt. Sie erinnert den Anfang aller Dinge, den Mose in der Erstschöpfung von Genesis 1 zu Papier gebracht hat, um ernst zu machen mit der neuschöpferischen praxis pietatis, die heute "integrity of creation" genannt wird. Möglich ist das immer und allerort, wie dürftig die Zeiten auch sein mögen. Wir brauchen dafür nicht einmal mehr den mythologischen Musenkuß. Die Inspiration kann auch aus dem Speisekartenstudium kommen, und der Schielblick auf das im Fernseher massenhaft zur Schau gestellte Elend rings um den Globus wird dem Idyll in der Weihnachtsstube schon das nötige Kontrastmittel unterlegen. – Daß es Gott erbarm. "Ich weiß, daß meine Muse auf einer glühenden Asche sitzt, und ihre Feder statt einer Scheibe braucht, um sich zu kratzen" (S. 44).

X

Die Prophetisierung der Schrift

Erlebter Jesus – erlesener Christus

Wenn Menschen etwas widerfährt, das bleibenden Eindruck auf sie macht, spricht man von einem Erlebnis. Erlebnisse sind punktuelle Verdichtungen des Lebens, die grenzenlos weit ausstrahlen. Sie verpflichten, ihr Botschafter zu werden, um ihre Kunde weiter zu erzählen, auf daß sie von Mund zu Mund geht. Sollte es ein Sprachkünstler sein, dem so etwas zustößt, jemand, der für Außerordentliches auch außerordentliche Worte zu finden weiß, kann eine Dichtung daraus werden. Erlebnisse inspirieren "Dichtungen" im ontologischen Sinn des Wortes: geistige Kompressionen, die auf engstem Raum explosionsartige Überbedeutsamkeit freisetzen (dicht, dichter, am dichtesten), vergleichbar der Nuclearenergie in der Naturwelt. Ihre Konzentrationskraft hat sie zum bevorzugten Medium neuzeitlicher Individualitätkultur werden lassen, so daß Wilhelm Dilthey von "Erlebnisdichtung" sprechen konnte.

Etwas Vergleichbares muß schon für die Antike angenommen werden. Unter anderem für Jesus und die Evangelienliteratur. Zwar ist strittig, wieweit die Bergpredigt, die Reich-Gottes-Gleichnisse, das Vater-unser usw. auf den Nazarener selbst zurückgehen. Aus seiner eigenen Feder haben wir gar nichts, was auf sein Selbsterlebnis schließen ließe – sehr im Unterschied zu Goethe etwa, Nietzsche oder Thomas Mann, die sich breit über ihre Subjektivität ausgelassen haben, fast geschwätzig. Die Neutestamentler wären schon mit einem Bruchteil dessen zufrieden. Ich sage das einschränkend vorweg, um dem Zwar das Aber folgen zu lassen. Zwar liegen keine direkten Quellen vor, aber an der Faszinationskraft des Nazareners kann nicht gezweifelt werden. Auf ihn datiert das Pro und Contra des *"Ecce homo"*, siehe da, *der* Mensch, mit bestimmtem Artikel und gestrecktem Zeigefinger: *dieser* Mensch als Verkörperung des Menschseins überhaupt – Prototyp von Humanität. Die Tatsache, daß der Streit um das "vere homo – vere Deus" ursächlich mit seinem Namen verbunden ist, zeigt an, daß er ein Wahrheitsansinnen in die Welt brachte, an dem sich die Geister bis heute scheiden können.

Um die Diskrepanz zwischen der Stärke des persönlichen Eindrucks und der Schwäche seiner Dokumentation zu erklären, muß Jesu "Nachname" ins Spiel gebracht werden: Christus. Christus ist die griechische Übersetzung des

hebräischen "meschiach": der Gesalbte, der König aus Bethlehem — eine
literarische Heilsfigur, deren Realisierung von den Propheten für die Endzeit
verheißen worden war. Jesus von Nazareth ist erlebt — Christus von Bethlehem
ist erlesen worden, herausgelesen aus seiner schriftlichen Präexistenz in Israel.

Geschehen konnte es, weil Jesus die Prophetisierung der Schrift vorgelebt hatte.
Das lassen die Quellen verläßlich erkennen. Sie zeigen ihn im ständigen Rekurs
auf "Mose und die Propheten" und im permanenten Streit mit Pharisäern und
Schriftgelehrten um die richtige Auslegung der Thora. Was den historischen
Jesus zum Erlebnis machte, war sein souveräner Umgang mit der Texttradition:
orthodoxer als die Orthodoxesten und liberaler als die Liberalsten, buchstäblich
getreu bis zum kleinsten "Jota und Häkchen des Gesetzes", aber ganz frei in
der Art, es zu praktizieren: "Ihr habt gehört, daß zu den Alten gesagt ist ..., ich
aber sage euch".[1] Die Koinzidenz beider Grundhaltungen machte das Geheimnis seiner Person aus. Sie war der Inhalt seines Lebens und der Grund seines
Sterbens. Die Evangelien im Ganzen — über alle Schriftbeweise hinaus —
belegen es. Was von Jesus vorgelebt wurde, ist als Christus personal figuriert
worden: die Doppellektüre des Alten Testaments aus Bindung und Entbindung, Pietät und Poesis, Konvention und Revolutionierung.

1 Reflexion

Christus wird gern "Mitte der Schrift" genannt — eine Formel, die ihre
Suggestivität der Kreisfigur verdankt. Mitte heißt zyklisch, gerundet und
integral. Sie fokussiert eine endlose Mannigfaltigkeit von Faktoren, ohne daß
die Zentralfunktion selbst gegenständlich in Erscheinung treten müßte. Das
macht ihren logischen Sonderstatus in der Ensembleleistung aus. Der Mittelpunkt eines Kreises kann auch negativ präsent sein.

Anders steht es mit der nicht minder geläufgen Formel, Christus ist "das Ende
des Gesetzes".[2] Ihr liegt die linear, nicht zyklisch schematisierte Vorstellung
von Verheißung und Erfüllung zugrunde, das teleologische Nacheinander in
der Zeit, irreversibel und möglichst pfeilgerade, auf kürzestem Wege vom Start
zum Ziel. Rückkehr ausgeschlossen.

Fragt man, wie Kreis und Pfeil zusammenfinden, tritt die Reflexionsfigur in
den Blick. Christus ist Mitte und Ende der Schrift zugleich, weil er sie
selbstreflexiv macht. Selbstreflexiv wie Sprechersubjekte, die in allen von ihnen
getätigten Äußerungen zirkelhaft auf die eigene Zentralstellung, ihr ICH,

---

1. Matthäus 5,17.21.
2. Römerbrief 10,4.

zurückbezogen bleiben. Das ICH ist das A und O der Sprachwelt. Mehr noch: Ich bin es, weil im Personalpronomen der ersten Person singular das je aktuelle Sprechersubjekt mit dem Universalprinzip alles Säglichen zusammenfällt. ICH bin ES. ICH bin es – ich bin ES. Eine Schrift, die dieses Urwort im Schilde führt, kann deshalb nicht nur körperhaft gesehen werden (Korpus – Textkorpus). Hinzukommen müssen als weitere Aspekte der Anthropomorphie das Aufrichten des Kopfes über dem Rumpf zum Zweck der Selbstbehauptung und die Öffnung des Gesichts, um sich als autonomes Individuum auszusprechen. Schriftkörper – Schriftkopf – Schriftsprecher.

Auf diesem Wege haben Mitte und Ende der Schrift zusammengefunden im Glauben an Christus als leibhaft offenbarter Schriftprophetie (Messias). Der Nazarener wurde zum einheitsstiftenden Leselehrer für die gesamte Sakralliteratur Israels. – Das sollen die folgenden Szenen illustrieren. Sie verbinden die rezeptionelle Vollständigkeit (Kollektion, Sammlung, Abrundung) mit einer Inspiration, die den Funken vom Text auf den Leser überspringen läßt, damit er in die Nachfolge der testamentarisch verbürgten Sohnschaft (S. 28) eintritt. "Nachdem Gott vorzeiten oft und auf vielfältige Weise zu den Vätern geredet hat durch die Propheten, hat er am Ende der Tage zu uns geredet durch den Sohn, den er zum Erben eingesetzt hat von allem".[3]

2 Antrittspredigt

Nach erfolgreich bestandenem Schriftgelehrtendisput mit dem Teufel kehrte Jesus Lukas 4,14ff "in der Kraft des Geistes" nach Nazareth zurück und ging am Sabbat in die Synagoge, um vorzulesen. "Als er das Buch auftat, fand sich die Stelle, an der geschrieben steht: 'Der Geist des Herrn ruht auf mir, weil er mich gesalbt hat; er hat mich gesandt, den Armen frohe Botschaft zu bringen, den Gefangenen Befreiung zu verkünden und den Blinden das Augenlicht, die Zerschlagenen zu befreien ... und ein angenehmes Jahr des Herrn zu verkünden". Dies getan, setzte er sich wortlos nieder, in der Meinung, der Text bedürfe keiner Auslegung. Da aber die Augen der Zuhörer mit schweigender Empörung – Das kann doch nicht alles gewesen sein! – auf ihn gerichtet blieben, fügte er aus eigenem den Satz hinzu: "Heute ist diese Schrift erfüllt in euren Ohren!" Das ist eine Feststellung, die nur Selbstverständliches zur Sprache bringt: Die Ohren dessen, der zuhört, wie ihm jemand Gottes Verheißung zuliest ("Der Geist des Herrn ruht auf mir"), sind Zeugen der Erfüllung. Jesus liest Jesaja, den messianischen Propheten, tritt rezitierenderweise in sein Vermächtnis ein und macht den Hörern, die hermeneutische Mittlerdienste, wie Auslegen, Übersetzen und Applizieren von ihm erwarten,

---

3. Hebräerbrief 1,1.

bewußt, daß es dessen nicht bedarf, da die Vollstreckung des Testaments bei ihnen selbst, im hörend erhörten Eigenleben des Ich bereits angekommen sei. "Alle stimmten ihm zu und verwunderten sich ob seiner Worte". Jesu Verhalten war analytisch trivial, wurde aber zur Offenbarung, weil es das Rätsel aller Rätsel löste, wie Objekt und Subjekt, wie die Abhängigkeit von externen Vorgaben des Lebens und die spontane Selbsttätigkeit des Geistes widerspruchsfrei zusammenfinden. Lies die Gottesschrift! "Sag etwas, das sich von selbst versteht, / Zum ersten male, und du bist unsterblich".[4]

3 Verstehen

Es war einmal ein Proselyt aus Äthiopien, ein Mann, der seinem Heidentum abgeschworen hatte, um dem Glauben Israels beizutreten. Der machte in Apostelgeschichte 8 eine Pilgerfahrt nach Jerusalem, um Gott im Tempel anzubeten. Solche Reisen unterlagen strengen Regeln mit einem rituellen Programm für Hin- und Rückfahrt. Als er auf der Heimreise war, mußte er in der Einsamkeit der Negebwüste Jesaja 53 rezitieren: "Wie ein Lamm, das vor seinem Scherer verstummt, so tut er den Mund nicht auf". Da kam Philippus, der in der Gegend missionierende Apostel, des Weges und wurde vom Geist inspiriert, die Frage in den Wagen hineinzurufen: "Verstehst du auch, was du liest?" (gignoskeis ha anagignoskeis) Das brachte den Rezitator zum Verstummen und ließ statt der Antwort seinen verstörten Blick in der Türöffnung erscheinen: Was heißt verstehen? Also hat Philippus mit einem Kolleg über die Differenz zwischen Lesen und Lesen nachhelfen müssen. Man kann Sakraltexte feierlich nachsprechen, kann sie mit gehobener Stimme zeremoniell repetieren und es doch an Sinn und Verstand ihres Gehalts fehlen lassen, daß keine Erkenntnis, keine Interpretation und Anwendung auf die eigene Lebenswirklichkeit zustandekommt – wie beim Buchstabieren von Fremdworten. Das ist geistlos, nicht wahr? "Ja", lautete die Antwort, "und darum bitte ich dich nun, sag mir, von wem spricht hier der Prophet, von sich selbst oder von einem anderen?" Die Rückfrage bewies, der Äthiopier hatte verstanden. So konnte Philippus anfangen, ihm "ausgehend von dieser Stelle Jesus zu verkünden", zu "evangelisieren", heißt es im Original. Gemeint ist die zusammenlesende Deutung Jesu von Nazareth als der Christus-Messias des Alten Testaments. Bis in die Vokabel hinein wird hier der Kollektionscharakter des "Evangeliums" hörbar.

---

4. Ebner-Eschenbach, zitiert nach Grimms Deutschem Wörterbuch, Bd 25, Sp. 1679.

4 Nachlese

Was nach Karfreitag mit dem Grab geschah, ist unter den Gelehrten weiterhin strittig. Bis sie ein zweifelsfreies Ergebnis finden, wird man sich an die älteste Textauskunft zu halten haben. Und die besagt, daß Christus "nach der Schrift gestorben ... und am dritten Tage nach der Schrift auferstanden" sei[5]. Übersetzen wir das im Original stehende *"kata"* mit *"nach"*, öffnet sich die Möglichkeit, es zweifach zu hören. *Nach* kann schriftgemäß, in ihrem Sinne, heißen, aber auch zeitlich später als sie, nachschriftlich, wie der Geist des Lesers gegenüber dem Text.

Lukas verbindet beide Bedeutungen in der Geschichte von den Emmausjüngern[6]: Mitläufer des Rabbi von Nazareth erzählten einem unbekannten Weggefährten von ihrer Verstörung durch sein klägliches Ende: "Wir dachten, er werde Israel erlösen." Sie verstanden die Welt nicht mehr. Der Anonymus indes zeigte sich nur verwundert über ihre Ignoranz. Er ließ sich die mitgeführten Schriften entrollen "und fing an, ihnen bei Mose und den Propheten alle Stellen auszulegen", die vom Leiden des Christus und seinem Durchgang in die Herrlichkeit sprechen. Als er dann das Brot mit ihnen brach, "wurden ihnen die Augen aufgetan", daß sie den Auferstandenen erkannten. Er hatte sich aus dem Alten Testament eine Art Autobiographie zusammengelesen, war aber in dem Augenblick, da sie es erkannten, verschwunden. "Da sagten sie zueinander: Brannte nicht unser Herz in uns, wie er auf dem Wege uns die Schriften erschloß?" "Emmaus" ist hermeneutisch gesehen die sprechendste Ostergeschichte. Der Name steht für eine Wiedererkennung (Anagnorismos), die Auf- und Abschluß der Schrift, Christomorphie und Geistoffenbarung im Modus des Entzugs zusammenfallen läßt.

5 Ich

"Ehe denn Abraham war, bin ich", sagt der Logos des Johannesevangeliums.[7] Er spricht vor, was jeder nachmacht, der sich selbst im Zitieren nicht vergißt. Ich, der Leser, bin früher – nicht historisch, aber logisch früher – als die Geschichte, die ich in 1. Mose 12 von Abraham, dem Erzvater des Glaubens vorfinde: "In dir sollen gesegnet werden alle Geschlechter der Erde".

Das Wort Gottes wurde Schrift, weil es in Israel kein Gehör fand. "ICH bin es, der da spricht". "ICH bin der Erste und der Letzte". "ICH mache ein

---

5. 1. Korintherbrief 15,3f.
6. Lukas 24, 13-32.
7. Johannes 8,58.

Neues"[8] – steht bei Jesaja zu lesen. Solange man sich rezitierend dazu verhält und das mit entsprechenden Zeichen visualisieren kann, bleibt es die Meinung eines Fremdsubjekts auf Distanz. Jesaja schreibt, Gott soll gesagt haben, Doppelpunkt, Anführungsstriche: "ICH bin es ..." Wer aber die Besinnung auf das hörend Gelesene – lesend Gehörte aufnimmt, tritt die Nachfolge dessen an, der Ernst damit gemacht hat: "Ich bin der Weg, die Wahrheit und das Leben".[9] So kommt das "Heil von den Juden"[10] – vor allem von Jesaja – um durch das Evangelium in alle Welt hinauszugehen. Christus hat die Ver-schriftung der Prophetie beantwortet mit der Prophetisierung der Schrift, bis hin zur urschriftlichen Verheißung, Gottes Ebenbild zu werden. "Die Juden antworteten ihm: Nicht wegen guter Werke wollen wir dich steinigen, sondern wegen der Lästerung, weil du, der du ein Mensch bist, dich zu Gott machst. Da erwiderte Jesus: Steht nicht in eurem Gesetz: 'Ich habe gesagt: Götter seid ihr'?"[11] Letzteres ist ein Zitat aus dem 82. Psalm.

6 Offenbarung

Als Israel an den Gottesberg kam, war dessen Gipfel in Donner und Blitz getaucht, daß das Volk vor Angst die Flucht ergriff. Einzig Mose wagte es, hinaufzusteigen. Als er zurückkam, wußte er die Himmel bewegenden Naturlaute als Stimme des Allmächtigen zu deuten. Ihm jedenfalls waren sie so offenbart worden. Hatte er doch mit Gott Zwiesprache gehalten "von Angesicht zu Ange-sicht". Um es nicht blindlings behaupten zu müssen, brachte er die Gesetzestafeln mit, auf denen der Allmächtige seinen Willen eigenhändig dokumentiert hatte – ein Schriftbeweis für die Intimität des göttlichen Ich und Du, Du und Ich.

So der alte, der Sinaibund. Anders der neue, der Christusbund. Seine Botschaft geht ursächlich auf den Hermeneuten zurück, der erstarrte Schriftsätze in konge-niale Geistesgegenwart verwandelt. Während die Thora nur als Medium zwischen Sender und Empfänger fungiert, ist im Evangelium die Schriftlichkeit Bestandteil der Botschaft selbst. Form und Inhalt gehören unlösbar zusammen, so daß einem Forschen nach vorschriftlichen Tatsachen metaphysischer, historischer, psychi-scher oder sozialer Natur wenig christliche Verheißung mitgegeben ist.

Evangelische Theologie wird seit Jahrhunderten vom "historischen Jesus" in Atem gehalten. Wer war er, der Nazarener, ehe sich die Urgemeinde seines Erinnerungsbildes bemächtigt und es bis zur Unkenntlichkeit christomorph

---

8. Jesaja 52,6. 44,6. 43,19.
9. Johannes 14,6.
10. Johannes 4,22.
11. Johannes 10,33ff.

übermalt hat? Die Frage ist nicht nur legitim, sie ist auch unerläßlich, um nicht einem Gemeindemythos ausgeliefert zu werden. Durch den Umstand aber, daß andere als die neutestamentlichen Quellen nicht zur Verfügung stehen, sind der Recherche enge Grenzen gezogen. Was immer eine vorösterlich-vorevangelische Jesulogie erbringen mag, dem Doppelnamen Jesus-Christus, Christus-Jesus wird sie nicht entrinnen.

Martin Kähler folgerte daraus, die Vorgeschichte müsse gegen die Nachge-schichte vertauscht werden. Das Zurück zum Nazarener sei ein methodolo-gischer Holzweg. Weil geschichtliche Größen Wirkungsgrößen seien, faßbar allein in den Folgen, die sie auslösen, solle von der nachösterlichen Gemeinde-verkündigung, vom apostolisch-patristischen Dogma und von der reformato-rischen Rechtfertigungspredigt ausgegangen werden. "Der wirkliche Christus ist der gepredigte Christus".[12]

Versteht man das Zusatzprädikat "biblisch" – anders als Kähler es tut – im Sinn von Literalität (buchhaft, schriftförmig, lesbar), kann das Begriffspaar historisch-geschichtlich (= Jesus Christus) in den Inspirationszirkel von Erleben und Erlesen übersetzt werden: Es steht geschrieben, ich aber erlese euch, was noch kein Ohr gehört und kein Auge gesehen hat: das Ostern auf dem Papier.

Von der Martin Kähler folgenden Kerygmatheologie ist "Offenbarung" ins Zentrum der theologischen Reflexion gerückt worden. Während Schöpfung die Produktion der Dinge aus nichts bezeichnet, nichts anderem als dem Deus dixit, setzt die Semantik von Offenbarung deren faktische Existenz voraus. Sie sind längst da und müssen nur noch ins rechte Licht gerückt werden, auch wenn dieses Nur nichts geringeres als die Rückverwandlung der Materie in originäre Kreativität bedeutet, eine Revitalisierung der Wahrheit, wie sie im Buche steht, um nichts zu verändern, aber alles neu zu machen.

Offenbarung als Lektüreoffenbarung gehört, plausibilisiert, weshalb das Ur-christentum so schnell zur Feder gegriffen und literarisch produktiv geworden ist. Die Absicht, dokumentieren zu wollen, was über den Nazarener mündlich im Umlauf war, reicht als Erklärungsmotiv allein nicht aus, um das Phänomen der Evangelien zu erklären. Ich schlage deshalb vor, sie als Offenbarungstexte zu verstehen, Texturen, die ihre Leser dem Erlesenen nachbilden wollen, analog zum Initiationsritual der Taufe (Mitleben, Mitsterben und Mitauferstehen). Die Evangelien verschreiben eine Postfiguration, eine Mimesis, eine Verwandlung des Menschen zum Christenmenschen, um ihn nach Maßgabe des originären

---

12. M. Kähler: Der sogenannte historische Jesus und der geschichtliche, biblische Christus, Nachdruck, München 1953, S. 44.

Schrifterfüllers zum Rechtserben von Mose und den Propheten zu inthronisie-
ren. Philologisch legitimiert worden ist diese Juden- und Christentum bis heute
trennende Kühnheit über das Personalpronomen ICH.

Was die altprotestantische Schuldogmatik in Christologie und Soteriologie
auseinanderlegt (dort der Christus a se – hier der Christus pro me, seine
Heilsbedeutung für mich) und die neuprotestantische Schuldogmatik seit dem
18. Jahrhundert durch den "garstigen breiten Graben" (Lessing) zwischen
Historik und Metaphysik trennt (dort eine Heilandsfigur der antiken Religionsgeschichte – hier die jederzeit zeitüberlegene Ewigkeitswahrheit des Credo), das
ist ursprünglich konfiguriert worden durch die Zwiegestalt des ICH – ich im
Wechsel zwischen Rede und Schrift, Oralität und Literalität, mündlicher und
textlicher Realisation des Geistes. In seinem Namen hatte Mose die Thora auf
Stein verewigt ("ICH bin der Herr, dein Gott ..."), Jesaja die eschatologische
Zukunft verheißen ("Siehe, ICH will ein Neues machen ..."), Frau Weisheit
sich aller Welt als Schöpfungsmittlerin angepriesen ("Mich schuf der Herr als
Erstling seines Waltens ...") und Hiob das Monopol wahrer Theologie erstritten
("Mein Knecht, er hat recht von mir geredet ..."). Was Jesus von diesen
Vorläufern unterschied, war nur, daß er es mit leibhaftem Ernst erfüllte, die
Differenz zwischen Lese- und Selbstverständnis aufhob und so das Wort, das
im Anfang war, Fleisch werden ließ. Die Evangelisten haben daraus eine
Textdramatik komponiert, deren Lektüre dem Leser die Applikation des
Christus praesens auf den Leib schreibt. Wer ihrem Logos folgt, mußte unter
den piktographisch distanzierenden Anführungsstrichen hindurch in die
Beglaubigung seiner Botschaft eintreten: Ich bin der Weg, die Wahrheit und
das Leben. So steht es über dem Portal zur Passionslegende (Johannes 14,6).
Diese Art, Offenbarung und Vernunft zu überbrücken, hat wenig mit der
Hybris neuzeitlicher Subjektivität, aber viel mit dem Vertrauen in die reforma-
tionsbestimmte Schriftkultur der Moderne zu tun. "Gott ist Geist, und die ihn
anbeten die müssen ihn im Geist und in der Wahrheit anbeten".[13]

* * *

Der kühnste Gedanke des Christentums lautet: Gott "wurde Mensch, damit
wir vergöttert werden". Er stammt von Athanasius und bildet die Quintessenz
seines die Dogmatik begründenden Traktats "Peri tes enanthropeseos tou
logou", "De incarnatione verbi".[14] Darauf fußt die das östliche, griechisch-
russische Christentum prägende Theorie der "theosis" oder "theopoiesis", der

---

13. Johannes 4,24.
14. zitiert nach Athanasius: De incarnatione verbi, Einleitung, Übersetzung, Kommentar. E.P. Meijering, Amsterdam 1989, S. 357.

Vergottung des Menschen. Das westliche Christentum römisch-katholischer wie evangelisch-protestantischer Art hört den Begriff mit Schrecken, weil er nach der augustinischen Superbia klingt ("homo incurvatus in se ipsum") und nach dem lutherischen Erbsünder, der nicht wollen kann, daß Gott Gott sei, weil er sich selbst dafür hält.[15] "Eritis sicut Deus" lehrte schon die Schlange im Paradies.[16]

Sucht man die Urszene der Vergottungsidee auf, kann Entwarnung gegeben werden. Der primäre Sitz im Leben verleiht ihr eine Bedeutung, die auch den Kriterien westchristlicher Orthodoxie genügt:

"Die Juden trugen Steine zusammen, um ihn zu steinigen... Da sagte Jesus: Welcher Tat wegen wollt ihr mich steinigen? Sie antworteten: Nicht wegen eines guten Werkes wollen wir dich steinigen, sondern wegen der Lästerung. Du, der du doch ein Mensch bist, machst dich zu Gott. Jesus erwiderte: Steht nicht in eurem Gesetz geschrieben: 'Ich habe gesagt: Ihr seid Götter'? Wenn es jene Menschen, an die das Wort Gottes erging, Götter genannt hat – und die Schrift kann ja nicht aufgehoben werden – wie sagt ihr da von dem, welchen der Vater geheiligt hat: Du lästerst! Weil ich gesagt habe: Ich bin Gottes Sohn?"[17]

ICH und Ich entsprechen einander, sehen sich ähnlich wie Vater und Sohn, weil das Zitieren von Geschriebenem einer Regenerierung, einer Neuzeugung seiner leibhaften Wahrheit gleichkommt (Gottebenbildlichkeit). Und diese von Christus vorgelebt-vorgelesene Inkarnation des Logos wiederholt sich in allen Fällen, wo, seinem Geiste folgend, die Schrift offenbart und nicht nur rezitiert wird. Folglich muß die vermeinte Gotteslästerung pluralisiert werden, um dem Eingeborenen endlos viele Söhne und Töchter des Vaters im Himmel folgen zu lassen. Und eben das steht in der zur Rechtfertigung herangezogenen Stelle aus Psalm 81,6: "Götter seid ihr und Söhne des Höchsten allzumal". – Was in dieser Szene vorgeführt wird, darf die lektomorphe Form der Vergottungslehre heißen. "Da suchten sie sich seiner zu bemächtigen. Er aber entkam ihren Händen."[18]

---

15. Weimarer Ausgabe, Bd. I, S. 225.
16. Genesis 3,5.
17. Johannes 10, 31. 33-36.
18. Johannes 10, 39.

XI

Das Geistige in der Skriptur

Paulus entdeckt die Einheit der Schrift

Religiöse Schriften kann man zweifach lesen, normativ oder formativ. Normativ betrachtet, enthalten sie die grundgesetzlichen Befehle der Gottheit, ihre verschrifteten Diktate, denen im Denken wie im Handeln folgen muß, wer der entsprechenden Religionsgemeinschaft angehören will (Sakralkodex). Formativ gesehen, bilden sie ein Ganzes, das qualitativ mehr als die Summe aller darin enthaltenen Lettern bedeutet, analog unserem Körper, dessen Glieder der körperlosen Seele bedürfen, um zur Einheit des Lebens zusammenzufinden (Textkorpus).

Von solcher Inkorporationslektüre ist das Urchristentum des Neuen Testaments inspiriert worden. Man interpretierte die jüdischen Sakralschriften (Altes Testament) so, als habe es deren Autor auf eine Verkörperung in den Händen seiner ebenbildlichen Leser abgesehen (Inkarnation: Christomorphie – Bibliomorphie – Anthropomorphie). Den Leitsatz dafür hat Paulus geprägt: "Der Buchstabe tötet – der Geist macht lebendig" (2. Kor 3,6: litera necat – spiritus vivificat). Er konnte über die Theologie hinaus für das Verhältnis von Spiritualität und Literatur insgesamt bestimmend werden, weil der Weg von religiösen Schriften im Plural zur Schriftreligion im Singular beschritten wird. Was macht ihre Einheit aus? Wie nimmt Literatur die Geistesgestalt des singulären Buches an? Daraus ist eine Schlüsselfrage der Hermeneutik geworden. Paulus darf sich rühmen, sie entdeckt zu haben.

1 Damaskus: Die Logik der Konversion

Saulus entstammte dem Diasporajudentum. Geboren wurde er in Tarsos, einer Metropole hellenistischer Kultur im südlichen Kleinasien. Seiner Familientradition folgend, schloß er sich dem Pharisäismus, der strengsten Form jüdischer Kultfrömmigkeit, an, so daß ihm jene Christen, die den Erwählungsglauben Israels, die Beschneidung und die mosaischen Heiligkeitsgesetze als Heilsweg ablehnten, ein Dorn im Auge sein mußten. Sie dem Züchtigungsrecht der Synagoge, der Auspeitschung Abtrünniger, zuzuführen, wurde sein Ehrgeiz.

Die Konfrontation mit dem Verhaßten dürfte um das Jahr 36 erfolgt sein, und zwar vor Damaskus. Dieser Name zählt zu den festen Topoi unserer See-lengeographie, ähnlich wie Canossa, Waterloo oder Hoyerswerd. Damaskus heißt Bekehrung, Wende, Konversion. Wer ein Damaskus erlebt hat, spricht vom Zusammenbruch seiner Lebensplanung, die ins diametrale Gegenteil verkehrt wurde, so daß beide Hälften der Vita nur vom *ordo inversus* zusam-mengehalten werden, wie bei einer Umwertung des Zeichens vor der Klammer vom Positiv ins Negativ. "Alles, was mir einst Gewinn war, halte ich nun um Christi willen ... für einen Dreck".[1], schrieb der vom Saulus zum Paulus bekehrte Heidenapostel.

Solchen Umschlag rational zu erklären, ist schwierig aber unerläßlich, da der Apostasieverdacht im Raum steht. Der Bekehrte scheint sein väterliches Erbe und die Weggefährten von einst verraten zu haben, um sich auf die Seite des Gegners zu schlagen. Nichts in der sozialen Welt ist gefährlicher als solch ein Frontwechsel. Er gefährdet die Identität, das gesellschaftlich anerkannte Selbst-bild einer Person, mit der Folge, daß sie der gemeinschaftlichen Stabilität wegen am besten anulliert würde.

Konvertiten gehören deshalb zu den Menschen der beschwerlichsten Natur. Sie wähnen sich pausenlos vor einem Tribunal um Sein oder Nichtsein und fangen ungebeten von sich selbst zu reden an – in legitimatorischer Absicht. Recht-fertigung! Ihr Generalthema ist die eigene Biographie, nur ohne den läßlichen Plauderton, der für Privatgeschichten angemessen wäre. Im Gegenteil! Sie eifern wie Missionare und argumentieren wie Theoretiker, als ob ihnen privatissime das Allgemeinmenschliche zugestoßen sei: "Ich ... Ich ..." Konversionsrhetorisch gehen Egologie und Anthropologie, narrative Individualisierung und rationale Generalisierung eine eigenwertige Verbindung ein. Steht doch das Personal-pronomen der ersten Person singular allem offen, was menschliches Antlitz trägt, obwohl faktisch nur der je einzelne Sprecher davon Gebrauch machen kann.

Nun lehrt die Erfahrung – ob in der Arena, vor Gericht oder in der Disputa-tion –, daß Angriff die beste Verteidigung ist. Man dränge den attackierenden Gegner seinerseits in die Defensive zurück, daß er mit dem Rücken an der Wand zu stehen kommt (ordo inversus). Nach dieser Maxime gehen Konver-titen von ihrer Apologie sogleich in die Polemik gegen den altbösen Feind von gestern über: Nicht ich habe mich der Apostasie schuldig gemacht, sondern das alter Ego in mir. Und dieses Selbstgericht soll aus dem Tribunal ein Purgato-rium machen, damit beide Seiten aus dem Rechtsstreit geläutert hervorgehen

---

1. Philipper 3,7f.

und sich in der Rückbesinnung auf das Gemeinsame wieder zusammenfinden können. Wer so etwas glaubhaft vorzuführen vermag, wird mit dem Sieg über den inneren wie äußeren Todfeind Versöhnung anbieten, Versöhnung mitten im Streit.

Was vor Damaskus geschehen ist, wissen wir nicht. Da die Erzählungen der Apostelgeschichte legendarisch sind und Paulus selbst es bei der Feststellung eines Visionserlebnisses beläßt – Gott habe ihm "seinen Christus offenbart" –, muß man den Impuls rückwirkend aus den Früchten erkennen. Sie sind in einer Sprache gereift, die von schroffen, affektvollen Dichotomien geprägt wird: Gesetz – Evangelium, Tod – Leben, Sünde – Gnade, Schuld – Gerechtigkeit, Stein – Herz, Buchstabe – Geist, außen – innen, alt – neu, einst – jetzt usw. Paulus und die Antithesen, das wäre ein Thema für sich. Für ihn selbst waren sie aber nur Mittel zum Zweck. Er formulierte sie in rhetorischer Absicht, um die nötige Spannkraft für seine Inszenierung der all-einen Schrifterkenntnis im Dreischritt von Ureinheit, Entzweiung und Rückerneuerung zu gewinnen.

2 Mose: Die Mitte im Zwielicht

Erklärungspflichtig war der Konvertit nicht nur gegenüber dem Pharisäismus, aus dem er biographisch herkam. Er wurde es auch gegenüber den Mitchristen, in deren Gemeinschaft er auf so sonderbarem Wege eintrat. Primär gegenüber der Urgemeinde in Jerusalem, geleitet von jenen, die Jünger ihres Landsmannes aus Galiläa gewesen und vom Auferstandenen zu seinen Aposteln ernannt worden waren. Männer also, die die Identität zwischen Jesus und Christus, dem historischen Rabbi von Nazareth und dem zum Himmel erhöhten Messias der Zukunft, verbürgen konnten. Paulus dagegen, wenn die Frage der Autorisierung aufgeworfen wurde, blieb nur der Verweis auf seine *revelatio specialissima* von Damaskus, was ihn gegenüber den Protoaposteln – vor allem Petrus – hoffnungslos ins Hintertreffen brachte. Seinem Freiheitsevangelium fehlte es an objektivem Zeugenmaterial.

So hat Paulus denn auch an dieser zweiten Front mit der ihm eigenen Schroffheit aus der Not eine Tugend gemacht und die Flucht nach vorn angetreten. Das empirische Erstgeburtsrecht überließ er bereitwilligst den anderen. Hunderte von Auferstehungszeugen habe es vor ihm gegeben. Er selbst sei nur eine Art "nachträgliche Fehlgeburt". "Ich bin der geringste unter den Aposteln, eigentlich nicht wert, ein Apostel zu heißen, denn ich habe die Gemeinde Gottes verfolgt".[2] Aber: "Das Alte ist vergangen ... Von jetzt an kennen wir niemanden mehr nach dem Fleisch. Selbst wenn wir Christus nach dem Fleisch

---

2. 1. Korinther 15,9.

gekannt hätten, kennen wir ihn doch so nicht mehr".[3] Deshalb "ging ich nicht mit Fleisch und Blut zu Rate, zog auch nicht nach Jerusalem hinauf zu denen, die vor mir Apostel gewesen waren".[4]

Erneut wird vom *ordo inversus* Gebrauch gemacht. Weit gefehlt, die mangelnde Jesuskenntnis ("Fleisch und Blut") für ein Handicap zu halten, soll sie den Aufstieg zu höherer Objektivität eröffnen und damit Freiheit vom Gesetz der fehlbaren Empirie gewähren. "Ist jemand in Christus, so ist er eine neue Kreatur".[5] Es spricht aus diesem Satz der Stolz des urchristlichen Theologen: Ich, Paulus, bin der erste, der eine allen Lesekundigen offenstehende Christuserkenntnis anzubieten hat. Jesus ist tot – es lebe der Christus!

An verläßliche Informationen über Leben und Lehre des Nazareners heranzukommen, wäre wenige Jahre nach der Kreuzigung ein Leichtes gewesen. Paulus hat sich nicht darum bemüht, weil er daran entschieden desinteressiert war. Sein Ostern wies nicht den Weg zurück in die Fleisch-und-Blut-Erkenntnis der Jesusmemoria, den später die Evangelisten gegangen sind, führte vielmehr zu novellierter Schriftgelehrsamkeit, um eine Präexistenzchristologie aus dem Alten Testament zu entwickeln. Das Fernziel heißt: Erkenntnis der "neuen Kreatur" in Christus, nimmt also Maß an der alten Kreatur, mit der Mose sein Opus magnum in Genesis 1 beginnt.

Bei der Ausarbeitung des Programms hat Paulus die im Judentum seit dem babylonischen Exil praktizierte Methode der Typologie benutzt, sie aber in einer für ihn charakteristischen Weise erweitert. Er beläßt es nicht bei Einzelgestalten, die als Vorbilder für Gegenwartsdeutungen herauspräpariert werden (Typus – Antitypus), sondern bringt mehrere in eine Abfolge, deren Logik alle Schriften auf eine integrale Sinnmitte versammelt (Intertypologie). Das ist das Novum, das den Christenverfolger zum Heidenapostel werden ließ. Man versteht es am besten als Niederschlag der Bekehrung in Gestalt einer Inversionslektüre. So wird plausibel, daß für Paulus eine Offenbarung war, was an sich trivial anmutet: die Tatsache, daß die Thora nicht mit dem zweiten Buch Mose (Exodus zum Gesetzesberg in der Wüste) sondern mit dem ersten anfängt (Genesis der Menschenwelt Gottes). Bedenkt man, daß – wie im Pharisäismus so auch im Judenchristentum – der Sakralkodex des Sinai im Vordergrund des Interesses stand, wird einsichtig, weshalb es Paulus "wie Schuppen von den Augen fiel"[6], als er darin die Perversion der Schriftordnung

---

3. 2. Korinther 5,16f.
4. Galater 1,16f.
5. 2. Korinther 5,17.
6. Apostelgeschichte 9,18.

erkannte: eine sündhafte Fehllektüre, die das Hinterste zu vorderst kehrte, ohne daß die Tradition selbst dafür hätte verantwortlich gemacht werden können. Bekehrung heißt also nicht mehr und nicht weniger als Rückkehr zum wahren Anfang der Dinge, Re-lektüre im strikten Sinn des Wortes.

"Trefflich hat der heilige Geist durch den Propheten Jesaja zu euern Vätern geredet, als der sagte: 'Geh zu diesem Volk und sprich: Hören werdet ihr und nicht verstehen, und sehen werdet ihr und nicht erkennen. Denn das Herz dieses Volkes ist verstockt, und ihre Ohren sind schwerhörig geworden, und ihre Augen haben sie geschlossen, damit sie nicht etwa mit den Augen sehen und mit den Ohren hören und mit dem Herzen verstehen und sich bekehren, und ich sie heile'. So sei euch nun kund, daß den Heiden dieses Heil Gottes gesandt worden ist; sie werden ihm auch Gehör schenken".[7]

Als Schriftgelehrter, der Paulus war, mußte er die nötige Offenlegung der Wahrheit in der Sinaiszene selbst festmachen. Das ist folgendermaßen geschehen:

Theophanieschilderungen haben allerorten und -zeiten die Gottesbegegnung mit der heliomorphen Metaphorik beschrieben. Wie Sonnenstrahlen auf unserem Antlitz einen Reflex von Licht und Wärme erzeugen, hinterläßt die *visio Dei* einen Abglanz himmlischer Herrlichkeit im Gesicht des Illuminierten, sei es innerlich, sei es äußerlich. Im Fall des Mose soll die Strahlung so stark gewesen sein, daß das Volk vor ihm floh, als er aus dem "Zelt der Begegnung", in dem er mit Jahwe "von Angesicht zu Angesicht wie ein Freund mit dem Freunde sprach", ins Freie hinaustrat, um seine Weisungen öffentlich zu verkünden. Man fürchtete, vom Abglanz der Gottesschau getötet zu werden. Darum mußte Mose beim Verlesen der Gesetzestafeln einen Schleier vor sein Antlitz legen. "Als die Israeliten Mose sahen, siehe, da strahlte die Haut seines Gesichtes, daß sie fürchteten, ihm zu nahen. Mose aber rief sie heraus ... und legte einen Schleier vor sein Antlitz. Wenn er hineinging vor den Herrn, um mit ihm zu reden, legte er den Schleier ab, bis er wieder herauskam. Und wenn er herauskam, teilte er den Israeliten mit, was ihm befohlen worden war".[8]

So steht's geschrieben. Paulus – daran geht kein Weg vorbei – hat die Pragmatik der Szene auf den Kopf gestellt. Derrida würde von einer "Dekonstruktion" sprechen, einer Destruktion um neuer Konstruktion willen. Ermöglicht wurde die Umkodierung durch die funktionale Ambivalenz des Schleiers. Schleier sind

---

7. Apostelgeschichte 28,25-28.
8. 2. Mose 33,11. 34,30f. 33f.

notorisch zwielichtige Phänomene. Sie schützen und täuschen, offenbaren und verbergen zugleich. Eines ist ihnen so wesentlich wie das andere. Warum also nicht die Zentralstellung der Gesetzesepiphanie schleierhaft nennen und so die über sich selbst hinausweisende Widersprüchlichkeit des Mosebundes typologisieren:

"Der Buchstabe tötet, aber der Geist macht lebendig. Wenn schon der Todesdienst, mit Buchstaben in Stein gehauen, zu Herrlichkeit gelangte, so daß die Söhne Israels wegen des Glanzes Mose nicht ins Gesicht sehen konnten – welcher Glanz doch verging –, wie sollte nicht der Dienst des Geistes noch herrlicher sein... Da wir die Hoffnung haben, treten wir in aller Freimut auf und tun nicht, was Mose tat: Der zog den Schleier über sein Gesicht, damit die Söhne Israels nicht das Ende dessen sähen, was vergeht. Aber ihre Gedanken wurden verstockt, denn bis heute bleibt der gleiche Schleier vor der Verlesung des Alten Testaments. Er wird nicht aufgedeckt, weil er nur in Christus aufgedeckt werden kann. Bis heute liegt, wann immer Mose vorgelesen wird, ein Schleier auf ihrem Herzen. Sobald Israel sich aber zum Herrn bekehrt, wird der Schleier abgetan. Denn der Herr ist der Geist, und wo der Geist des Herrn ist, da ist Freiheit".[9]

Mose war es nicht gegeben, das Inner- und Außerhalb des Zeltes, seine persönliche Gottesbegegnung im unmittelbaren Gegenüber von Ich und Du widerspruchsfrei zu verbinden mit der Dokumentation in einem jedermann zugänglichen Zeugnis. Er hat die Antinomie verschleiern, hat sie bemänteln müssen, um darüber hinwegzutäuschen, daß seine Ablichtung der Vision ihre Abtötung im geistlosen Buchstabenkult bedeutete. Es war ein Betrug, wenn auch in frömmster Absicht, um dem Volk die Unfaßbarkeit Gottes zu ersparen: ein Ersatzprodukt, gnadenlos. Steine statt Brot, Schleier – Totenschleier. Der Vorhang geht auf, und die Bühne ist leer. Man sieht eine Ebene voller Gebeine, Buchstaben über Buchstaben. "Menschensohn, können wohl diese Gebeine wieder lebendig werden?".[10]

3 Abraham: Das verbriefte Vorrecht des Mundes

Das Zwielicht des Sinai dient Paulus als Nötigung, auf die Patriarchen der Genesis zu rekurrieren, voran auf Abraham, den Erzvater des Glaubens. Er soll erklären, was Mose schleierhaft blieb: wie die dialogische Vertraulichkeit mit Gott und ihre dokumentarische Verschriftung widerspruchsfrei zusammenfinden.

---

9. 2. Korinther 3,6f. u. 12-17.
10. Ezechiel 37,3.

Der Abrahambund wird gedeutet als ein Verhältnis auf Treu und Glauben, gegründet im Versprechen, besiegelt mit dem Vertragsschluß. "Ich verspreche es dir" heißt so viel wie: Ich gebe dir mein Wort. Ehrenwort! Ich verpfände mich selbst im Wort, ohne jeden Vorbehalt. Sichversprechen ist eine totale, aber – im Gegensatz zur Zelt- und Schleierwand auf dem Sinai – auch eine homogene Äußerungsform, weil sie vom Hörer verlangt, sich im Gegenzug gleichermaßen vorbehaltlos darauf zu verlassen. Sichversprechen – Sichverlassen. Dem absolut gebrauchten Wort muß geglaubt werden, blindlings, *solo verbo*, anderes läßt die Situationslogik nicht zu. Es darf kein Augenschein – paulinisch gesprochen: kein Wissen von "Fleisch und Blut" – im Spiel sein. Wer ein Versprechen annähme, weil er die Erfüllung für wahrscheinlich hielte, weil er sich hinreichend gegen das Risiko abgesichert hätte, oder weil das Recherchieren der Kreditwürdigkeit des Wortgebers positiv ausfiel, hätte die Dramatik seiner Situation nicht begriffen. Der Partner hat sich so exponiert, daß er jedes Hinterfragen seines Angebots als ehrenrührig empfinden muß. Da ist Gefahr im Verzug.

Das Exempel hat Genesis 15, 1-6 statuiert: Abraham wurde im Traum reicher Nachwuchs versprochen. Das ließ ihn an seine fast hundert Jahre denken und an Sara, der es schon längst nicht mehr "nach der Frauen Art" ging, so daß er spöttisch-resignierend erwidern konnte: "Mein Gott! Was willst du mir schon geben? Muß ich doch ohne Kinder von dannen gehen". Darauf bekam er in scharfem, beinahe drohendem Ton zu hören: "Schau gen Himmel und zähle die Sterne, ob du sie zählen kannst. So sollen deine Nachkommen sein! Da glaubte Abraham dem Herrn, und der rechnete es ihm zur Gerechtigkeit an". Soll sagen: Gott attestierte, daß Abraham sich im zweiten Anlauf adäquat zur Verheißung verhielt: So ist es recht. Das nennt man "glauben", aufs Wort glauben.

Zwei Kapitel später, in Genesis 17, ist beider Absprache in einem förmlichen Bundesschluß besiegelt und zum Zeichen dafür der Beschneidungsritus eingeführt worden: "Das soll das Zeichen sein des Bundes zwischen mir und euch: Im Alter von acht Tagen soll alles was männlich ist unter euch, beschnitten werden, Geschlecht für Geschlecht".[11] Die Beschneidung als solche zu diskreditieren, lag Paulus fern. Er trug dieses Mal am eigenen Leib und war, wenn es sein mußte, stolz darauf (Phil 3,5). Nur auf ihre Nachträglichkeit wollte er hinaus, um sie als logisch sekundäre Symbolisierung einstufen zu können, vergleichbar den religiösen Riten anderer Völker. Würde man das Begründungsverhältnis zwischen Gerechtsprechung (Gen 15) und Bundeszeichen (Gen 17) vertauschen, um die Beschneidung zur Vorbedingung für den Glauben zu

---

11. Genesis 17,11f.

machen, entstünde eine dem Sinai verwandte Perversion, eine buchstäbliche "Verstümmelung" (Phil 3,2). Anders als die schleierhafte Gipfelszene des Exodus bietet aber der Sensus literalis der Genesis dafür keinerlei Anhalt. Abraham wurde im Stand der Unbeschnittenheit, als Heide noch, gerecht gesprochen. Woraus folgt, daß er aller getreulichen Leser Erzvater ist.

"Wir reden ja doch davon, daß dem Abraham sein Glaube zur Gerechtigkeit angerechnet wurde. Wie wurde er ihm nun angerechnet? Als er beschnitten oder als er noch unbeschnitten war? Und er empfing das Zeichen der Beschneidung als Siegel der Gerechtigkeit des Glaubens, den er hatte, als er noch unbeschnitten war, damit er der Vater aller unbeschnittenen Gläubigen wurde, auf daß auch ihnen die Gerechtigkeit zugerechnet werde, und der Vater der Beschnittenen, derer nämlich, die nicht nur beschnitten sind, sondern auch in die Fußstapfen des Glaubens wandeln, den unser Vater Abraham hatte, als er noch unbeschnitten war. Denn nicht durch das Gesetz wurde dem Abraham oder seinen Nachkommen die Verheißung zuteil, daß er Erbe der Welt sein solle, sondern durch die Gerechtigkeit des Glaubens. Wenn nämlich die vom Gesetz Erben sind, so ist der Glaube entwertet und die Verheißung kraftlos geworden. Denn das Gesetz bewirkt Zorn; wo aber kein Gesetz ist, da ist auch keine Uebertretung. Deshalb heißt es 'aus dem Glauben', damit es nach Gnade gehe, auf daß die Verheißung für seine ganze Nachkommenschaft gewiß sei, nicht allein für die aus dem Gesetz, sondern auch für die aus dem Glauben Abrahams, der unser aller Vater ist (wie geschrieben steht: 'Zum Vater vieler Völker habe ich dich gemacht') vor dem Gott, dem er glaubte, der die Toten lebendig macht und das, was nicht ist, ins Dasein ruft".[12]

Mit dem Vorrecht des Glaubens wäre also der erste Beweisschritt getan. Das Ziel der Argumentation ist freilich noch nicht erreicht. Bleibt doch die Tatsache, daß der Erzvater der Gerechtigkeit auch der der Beschneidung, also der Verkörperung der Gottesgewißheit im exklusiv jüdischen Ritus ist, außer Zweifel. Eben daran aber war Paulus vor Damaskus irre geworden. Also hat er, um sein Freiheitsevangelium zu rechtfertigen, noch einen zweiten Schritt tun müssen, zurück über Abraham hinaus bis zu Adam, dem Urmenschen der Weltschöpfung von Genesis 1.

4 Adam II: Schriftgemäße Glorifizierung des Lesers

Wer in Adam den Prototypen des *Ecce homo* erkennt, hat nicht nötig, sich nachträglich beschneiden zu lassen. Die Beglaubigung seines Erstgeburtsrechts

---

12. Römer 4,9-17.

liegt ihm urkundlich im Schriftbild der Thora vor Augen. Er muß es nur
erhobenen Hauptes zu lesen wissen.

"Nicht der ist ein Jude, der es äußerlich ist, und nicht das ist Beschneidung,
die äußerlich im Fleische geschieht, sondern der ist ein Jude, der es innerlich ist, und das ist Beschneidung, die am Herzen geschieht, im Geiste,
nicht nach dem Buchstaben. Ein solcher hat sein Lob nicht von Menschen,
sondern von Gott".[13]

Was in der Naturwelt der Sonnenaufgang ist – "Morgenglanz der Ewigkeit" –,
das ist in der Menschenwelt die Erhebung in den aufrechten Stand des Tages,
die Auferstehung zum Status erectus. Und in der Buchwelt ist es das Empor-
schnellen aus der verkrümmten Studierhaltung am Schreibtisch, um mit
glanzvollen Augen dem Himmel zuzurufen, was er hören will: das Heureka. Ich
hab es! Kopf hoch. Der Geist der Schrift – notorische Haupt-Sache des
Textkorpus – hat sich offenbart.

Gesichter erblühen im direkten Gegenüber von Mensch zu Mensch. Hier ich
– dort du. Sie zehren vom leibhaft konkreten Ansehen der Person und überleben deshalb den Augenblick nicht lange. Wendet man sich auswärts der
Allgemeinheit zu – etwa einer anonymen Leserschaft – gehen Licht und Wärme
des "von Angesicht zu Angesicht" schlagartig verloren. Die Physiognomie
erstarrt, wie bei Mose. Wir fühlen uns ja auch zutiefst verletzt, wenn uns
jemand "schneidet", gezielt wegsieht, um uns sein Gesicht zu versagen.

Anders steht es mit der Schrift. Wenn die ihr Gesicht offenbart, daß der Funke
auf den Leser überspringt, muß er wegsehen: weg vom mühsamen Buchstabieren der flach ausgebreiteten Literaturmasse in den himmelwärtigen
Aufschein der Wahrheit. Buch zu! Der Glanz wird damit nicht verblassen. Man
nimmt ihn in der Erinnerung mit sich, wohin immer die Reise gehen mag.

Diese Analogie zwischen Tagesanbruch, Auferstehung und Schrifterfüllung hat
Saulus zum Paulus gemacht. Seine österliche Schlüssellektüre wurde die
Protoszene der Bibel, der alten Kreatur von Genesis 1, beginnend mit dem
"Fiat lux" (Gen 1,3), endend mit der "Imago Dei", dem gottebenbildlichen
Urmenschen Adam (Gen 1,26). "Gott sprach: Es werde ... und es ward" –
Licht. Mit dem hörbaren Wort tritt die sichtbare Wirklichkeit, mit dem Sagen
das Gesagte selbst in Erscheinung. Diktum und Faktum, Logos und Ikone,
Verbalisierung und Visualisierung fallen in der *creatio ex nihilo* originär zu-
sammen.

---

13. Römer 2,28f.

Paulus konnte deren Topik aufdecken, weil sie das Problem löste, das die Bekehrung ihm beschert hatte. Wie geht visionäre Ekstase mit normativer Konvention zusammen (Damaskus)? Was hebt den Widerspruch zwischen Glorienschein und Buchstabendienst auf (Mose)? Kann man den Glauben aufs Wort an eine dokumentierende Zeichenschrift binden, ohne der Partikularität des Beschneidungsritus verhaftet zu bleiben (Abraham)?

Der typologisch erfaßte Adam beantwortete die Frage aller Fragen, da seine faktische Vorrangstellung in der Schrift zusammenfiel mit dem triumphalen Entdeckerstolz des Konvertiten. "Wo der Geist des Herrn ist, da ist Freiheit".[14] Ich, der letzte der Apostel, zeige euch, was – wie jeder weiß – das Erste von allem ist. "Wie geschrieben steht: Der erste Mensch (Adam) wurde zu einer lebendigen Seele. Der letzte Adam aber (Christus) wurde lebenschaffender Geist".[15] Als "Ende des Gesetzes" (Röm 10,4) ist Christus das Widerlager zum Anfang der Schrift. Er entspricht Adam, wie Start und Ziel, Auf- und Abschluß einer Kreisbahn einander entsprechen, um ein rundes Ganzes zu bilden, bleibt ihm aber qualitativ überlegen, wie der Geist der Seele, der *Spiritus creator* allen durch ihn "aus Nichts ins Dasein gerufenen" Kreaturen (Röm 4,17) überlegen ist. Deshalb darf Christus nicht auf der literarischen Buchstabenebene, in gleicher Weise wie Adam, Noah, Abraham, Mose, Josua, David, Jona, Hiob usw. beschrieben werden. Er macht vielmehr den Zyklus der religiösen Schrifttradition insgesamt lesbar und diese seine Reinspirationskraft bezeugt sich im Himmelsglanz auf dem Antlitz der Leser. Sie werden Christus, dem all-einen Schriftwort nachgebildet, wie in einem transzendentalhermeneutischen Taufbad:

"Der Gott, der sprach: Er werde Licht!, der hat es in unseren Herzen aufstrahlen lassen, daß wir erleuchtet wurden durch die Erkenntnis der Herrlichkeit Gottes auf dem Antlitz Christi" (2. Kor 4,6). "Wir alle spiegeln mit unverschleiertem Angesicht die Herrlichkeit des Herrn wieder und werden so in dasselbe Bild verwandelt von Herrlichkeit zu Herrlichkeit, vom Herrn, welcher der Geist ist".[16]

Diese Sätze lassen den Hiatus zwischen Glauben und Schauen (Abraham), Intimität und Gesetzlichkeit (Mose) hinter sich. Sie sprechen vom Osterlicht christomorpher Bibelleser, sprechen selbstreflexiv von Paulus, dem Entdecker der schriftgemäßen *Theologia gloria*, mit der er aus der Wüste, in die er sich nach Damaskus verkrochen hatte (Gal 2,17), zurückkehrte, um aller Lesewelt das Freiheitsevangelium zu verkünden, "Beschneidung des Herzens" genannt.

---

14. 2. Korinther 3,17.
15. 1. Korinther 15,45.
16. 2. Korinther 3,18.

Ein griechisches Wortspiel dürfte dabei Pate gestanden haben. Ich meine die Klangverwandtschaft zwischen *gignoskein* (kennen) und *anagignoskein* (lesen). Vermittels ihrer konnte die seit Plato in der Visionssprache (Idee, Erleuchtung, Einsicht) abgehandelte Erkenntnisproblematik – Was kann man wissen? – ins Medium der skripturalen Hermeneutik – Wie soll man lesen? – inkarniert werden. Diese Gnosis ist das Gegenstück zum "Kennen nach dem Fleisch" (oben S. 107f), weil sie buchstäbliches Vielwissen verwandelt in selbstredende Geistesgestalt. Kennen durch Lesen macht schriftgelehrt, Erkenntnis durch Lektüre ergibt den erlesenen Geist.

Kenntnisse werden durch Erfahrung erworben. Wohl dem, der sie hat, daß er anderen etwas davon weitergeben kann. Was sie ihrerseits damit anfangen, ist freilich nicht präjudizierbar. Zwar hat Paulus, als er noch Saulus hieß, keine Gelegenheit gehabt, Jesus von Nazareth persönlich kennenzulernen. Er war auf Erzählungen aus zweiter und dritter Hand angewiesen. Die *Er*kenntnis aber: dieser Mensch ist die Inkarnation aller Vorschriften seit Adams Zeiten, blieb ihm, dem Spätbekehrten, vorbehalten, so daß er seine Art, Jesus nachzufolgen, in die Christuslektüre verlegte.

* * *

Historische Größen leben – wenn sie denn leben – im Prisma ihrer neuschöpferische Lektüren inspirierenden Erinnerungfacetten. Sie geben Nachlebenden zu denken, ohne daß die Frage nach dem Letztgrund mit einer definitiven Auskunft zu Grabe getragen werden könnte. Saulus alias Paulus – wer ist er letztlich gewesen? Ein Rabbi, Apostel, Ketzer, Querulant, Mystiker, Missionar, Religionsstifter? Ich schlage vor, ihn als Leser zu lesen, als streitbaren und nach wie vor strittigen Lektor, dem unstrittig gelungen ist, seine Schrifthermeneutik zum Ferment der Religionsgeschichte zu machen. Das hat ihn zum Prototheologen des Christentums in Abgrenzung vom Judentum werden lassen. Und mit seiner Urdifferenz Geist – Buchstabe ist er auch auf den vorliegenden Blättern präsent.

XII

Schriftfest – Festschrift

Die Pfingstlichkeit kanonischer Lektüre

1 Zweite Mündlichkeit

Das bekannteste Drama deutscher Sprache wird mit einem Stoßseufzer eröffnet
– allbekannt: Goethes Faust.

> "Habe nun, ach! Philosophie,
> Juristerei und Medizin,
> Und leider auch Theologie
> Durchaus studiert, mit heißem Bemühn,
> Da steh' ich nun, ich armer Tor,
> Und bin so klug, als wie zuvor!"

Ein Buchmensch, Stubengelehrter und Schrifttheologe beklagt sein Schicksal.
Alles hat er durchforscht und darüber das eine verloren, was not tut: die
Eintracht von Leben und Erkenntnis, Dasein und Bewußtsein, Existenz und
Rationalität. *"Entfremdung"* nennt das der faustische Mensch: "Es möchte kein
Hund so länger leben". Vielstimmig ist sein Lamento nachgesprochen worden,
in immer schöneren Gesängen, von Friedrich Nietzsche über Ludwig Klages
und Max Weber bis zu Horkheimer und Adorno.

Nicht minder bekannt ist aber auch der Durchbruch, der den Zerquälten am
Ende der Karfreitagsnacht ins Freie hinausführt, unter Gottes großes Himmels-
zelt:

> "Vom Eise befreit sind Strom und Bäche
> Durch des Frühlings holden, belebenden Blick;
> Im Tale grünet Hoffnungsglück:
> Der alte Winter, in seiner Schwäche,
> Zog sich in rauhe Berge zurück. ...
> Jeder sonnt sich heut so gern.
> Sie feiern die Auferstehung des Herrn,
> Denn sie sind selber auferstanden,
> Aus niedriger Häuser dumpfen Gemächern,

Aus Handwerks- und Gewerbesbanden,
Aus dem Druck von Giebeln und Drachen,
Aus der Straßen quetschender Enge,
Aus der Kirchen ehrwürdiger Nacht
Sind sie alle ans Licht gebracht. ...
Hier ist des Volkes wahrer Himmel,
Zufrieden jauchzet groß und klein.
Hier bin ich Mensch, hier darf ich's sein!"

"Hier", in erspürter Naturunmittelbarkeit und festlicher Volksversammlung. Man vergesse nur nicht, daß es ein fiktives Ideal ist, für die Schaubühne literarisch Gebildeter bestimmt. Faust beschreibt, was schriftfreie Ursprünglichkeit wäre. Er tut es mit Worten, die ähnlich bei Rousseau, Herder und den Romantikern zu lesen waren. Und überdies durchsetzt er sie mit Erinnerungen aus religiösen Kindheitstagen, so daß ein vielstimmiges Szenarium entsteht, das jeden Hörer zu eigenem Widerhall inspiriert.

"Dies Lied verkündete der Jugend muntre Spiele,
Der Frühlingsfeier freies Glück;
Erinnerung hält mich nun mit kindlichem Gefühle
Vom letzten, ernsten Schritt zurück.
O tönet fort, ihr süßen Himmelslieder!
Die Träne quillt, die Erde hat mich wieder!"

Die "zweite Naivität" der Romantiker variierend, könnte von einer zweiten Mündlichkeit gesprochen werden. Die erste wäre vor-schriftlich und würde jene Oralität meinen, die der Rousseauismus des 18. Jahrhunderts für den Anfang der Menschheit postulierte und die später von Ethnologen in Restbeständen auch empirisch erforscht worden ist. Erst das Wort, dann die Schrift. Die zweite dagegen wäre nach-schriftlich oder skriptogen (textgestützt, textgezeugt, textentbunden). Sie würde die Buchform als Quellgrund einer Beredtsamkeit neuer Art verstehen. Ihre Stunde schlägt, wenn nach vollbrachter Lektüre der Kopf aus der Versenkung in den Text hochgeht und in die Runde gefragt wird: Wie versteht ihr das? Ostern? Spaziergang? Osterspaziergang? Da gibt ein Wort das andere, so daß Sprachwirbel entstehen, die wenn nicht an Babylon so doch an Pfingsten erinnern. Sie kreieren einen Theorietyp eigener Art: den philologischen, für Liebhaber von Buchstaben bestimmt.

"Was ist die Wahrheit?" fragte Pilatus den Nazarener.[1] Die von Texttheoretikern heute am häufigsten verhandelte Antwort steht bei Friedrich Nietzsche:

---

1. Johannes 18,38.

Wahrheit ist "ein bewegliches Heer von Metaphern, Metonymien, Anthropo-
morphismen, kurz eine Summe von menschlichen Relationen, die, poetisch
und rhetorisch gesteigert, übertragen, geschmückt wurden und die nach langem
Gebrauch einem Volke fest, kanonisch und verbindlich dünken".[2]

Da Schreiben ein graphisches Festlegen von Reden ist, will Textwahrheit im
Wechsel zwischen Fixieren und Entfixieren, Verfestigen und Verflüssigen,
Binden und Lösen ermittelt sein. Leser müssen zwei Herren dienen: der
herauszuhörenden Absicht des Autors, der seinen Willen dem Schreibmaterial
aufgezwungen hat, und den stummen Lettern, denen es dekodierend die Zunge
zu lösen gilt. Umberto Eco – neben Derrida, Roland Barthes, Wolfgang Iser,
Hans Robert Jauß u.a. der bekannteste Literaturästhetiker der Gegenwart – hat
dafür die Formel "offenes Kunstwerk" geprägt: Kunst meint die Fähigkeit,
etwas so ins Werk zu setzen, daß unbestimmbar viele Deutungsmöglichkeiten
produziert werden.

> "Der Künstler bietet dem Interpretierenden ein *zu vollendendes Werk*: er
> weiß nicht genau, auf welche Weise das Werk zu Ende geführt werden
> kann, aber er weiß, daß das zu Ende geführte Werk immer noch *sein* Werk,
> nicht ein anderes sein wird, und daß am Ende des interpretativen Dialogs
> eine Form sich konkretisiert haben wird, die *seine* Form ist, auch wenn sie
> von einem anderen in einer Weise organisiert worden ist, die er nicht völlig
> vorhersehen konnte".[3]

Statt "offenes Kunstwerk" kann Eco auch "Lector in fabula" sagen: "Der Leser
– als aktives Prinzip der Interpretation – gehört zum generativen Rahmen ein
und desselben Textes".[4]

Leser müssen voraussetzen, daß der Autor ihres Buches mit *einer* Stimme
gesprochen habe. Wie sollen sie sonst hoffen, in seine Intention eindringen zu
können. Was will der Text mir sagen? Wie habe ich seine Botschaft zu hören?
Vollziehen sie diese Reflexion, wird aber ihre Voraussetzung konterkariert, da
jede Nachfrage an der Unhintergehbarkeit des Fixierten neue Brechungen
erzeugt und das Bedeutungspotential des Geschriebenen vermehrt. Das Inter-
pretationsgespräch erzeugt eine Polyphonie, die der auktorialen Eindeutigkeits-
unterstellung entwächst, aber niemand anderem als dem Text selbst zugespro-
chen werden muß. Andernfalls würde er den Namen "Schrift" nicht verdienen.

---

2. Fr. Nietzsche: Werke in 3 Bänden, hg. K.Schlechta, Bd III, München 1966, S.
314.
3. U. Eco: Das offene Kunstwerk. Frankfurt a.M. 1973, S. 55.
4. U. Eco: Lector in fabula, München 1987, S. 13ff.

Wer es besser sagen als schreiben kann, sollte dem Hörer die Mühen ersparen, ihn lesen und interpretieren zu müssen.

> "Es ist ein untrügliches Merkmal eines guten Buches, mehrere Lesarten zuzulassen, ohne daß eine selbstverständlich und damit auch langweilig wird. Wer ein Buch liest und versteht, macht gerade die Erfahrung, daß die bisher vertrauten Verhaltensweisen aufgebrochen werden und die alten Orientierungen und Selbstverständlichkeiten dahin sind. Als solche ist Leseerfahrung eine Erfahrung der Grenze alltäglichen Verhaltens.[5]

2 Post Christum scriptum. Feuermäulig

Wie alle Bücher hat auch die Bibel zwei Zugänge: der eine am Anfang, ehe man sie aufschlägt – der andere am Ende, wenn sie geschlossen und aus der Hand gelegt wird. Jener zielt auf die präskripturale Absicht des Autors – Was will uns Gott sagen? –, dieser gilt der postskripturalen Offenbarung des Geistes (*pneuma*), "der euch in alle Wahrheit"[6], euch alle in die eine Wahrheit führen wird. Er reverbalisiert den Inkarnationslogos, ist also eine zweite Wörtlichkeit *nach Christus*, in beiden Bedeutungen von *nach*: zeitlich später und vorschriftsgemäß.

Ihren deutlichsten Ausdruck hat diese Idee im Doppelwerk des Lukas gefunden. Der erste Band (das Evangelium) gilt der Darstellung Christi: von seiner Verheißung durch die Propheten über die wundersame Geburt in Bethlehem bis zu Kreuzigung und Auferstehung auf dem Zion. Der zweite (die Apostelgeschichte) schildert den Gang der Mission von Jerusalem über Damaskus, Antiochien, Ephesus, Athen und Korinth bis nach Rom, der Metropole des Weltreichs, von wo alles seinen Ausgang genommen. "Es begab sich aber zu der Zeit, daß ein Gebot vom Kaiser Augustus ausging ..." Anfang = Ende = Anfang, rundum geschlossen, wie es von einem vollendeten Sprachkunstwerk erwartet werden muß. Das Doppelwerk ist eine wohl gezirkelte Abschlußdichtung.

Der Geburt des Messias am Beginn des ersten Teils korrespondiert die Epiphanie des Geistes zu Beginn des zweiten. Sie bringt, was der eine gewonnen, allen zu Ohren.

---

5. K. Huizing: Wächserne Nase. Kleine Apologie einer Theologie des Lesens, in: Neue Zeitschrift für Systematische Theologie und Religionsphilosophie Jg. 34, (1992). S. 212.

6. Johannes 16,13.

"Und als der Tag des Pfingstfestes endlich da war, waren sie alle an einem Ort beisammen. Und plötzlich entstand vom Himmel her ein Brausen, wie wenn ein gewaltiger Wind daherfährt, und erfüllte das ganze Haus, worin sie saßen. Und es erschienen ihnen Zungen, die sich zerteilten, wie von Feuer, und es setzte sich auf jeden unter ihnen. Und sie wurden alle mit dem heiligen Geist erfüllt und fingen an, in andern Zungen zu reden, wie der Geist ihnen auszusprechen gab.
In Jerusalem aber wohnten Juden, gottesfürchtige Männer aus jedem Volk unter dem Himmel. Als aber dieses Getöse sich erhob, lief die Menge zusammen und sie wurden verwirrt; denn jeder hörte sie in seiner eigenen Sprache reden. Es erstaunten aber alle, verwunderten sich und sagten: Siehe, sind nicht alle, die hier reden, Galiläer? Und wie hören wir, jeder in seiner eignen Sprache, in der er geboren ist: Parther und Meder und Elamiter und die, welche Mesopotamien, Judäa und Kappadozien, Pontus und Asia, Phrygien und Pamphylien, Aegypten und die Gebiete Lybiens bei Cyrene bewohnen, und die hier weilenden Römer, Juden und Judengenossen, Kreter und Araber – wir hören sie in unsern Zungen von den großen Taten Gottes reden. Sie erstaunten aber alle und waren ratlos und sagten einer zum andern: Was soll das bedeuten? Andre aber spotteten und sagten: Sie sind voll süßen Weines.[7]

Unter Zurückstellung der Tatsachenfrage (Was ist wirklich passiert?) will die Erzählung schriftstellerisch gelesen sein. Sie beschreibt Erfahrungen, die durch das Evangelium universalgültig ausgewiesen sind. Deshalb der Rekurs auf Schöpfung und Urgeschichte (1. Mose 1-11): am Anfang der Sturm Gottes über den Wassern und das Machtwort "Es werde Licht!" – am Ende der Turmbau zu Babel, dessen Hybris mit weltweiter Unverständlichkeit bestraft wurde. "Daher heißt die Stadt Babel, weil der Herr daselbst die Sprache aller Welt verwirrt und sie über die ganze Erde zerstreut hat".[8] Lukas kontrahiert beides zur polyglotten Neuschöpfung in der Gottesstadt Jerusalem. Aus dem Sturmgeist der alten wird der Sprachgeist der neuen Welt, sichtbar in doppelzüngigen Lichtern über den Köpfen – Bild der Zweistimmigkeit: zwei Stimmen zu haben, die eigene und die fremde, um übersetzen zu können. So wurde die Niederkunft des Geistes von den Diasporajuden erlebt. Jeder fühlte sich durch die Jünger des Galiläers im eigenen Dialekt angesprochen, so daß beim Blick in die Runde alle Weltsprachen beisammen waren. "Wie hören wir sie, jeder in seiner eigenen Sprache, in der er geboren ist!" Man erlebte ein postbabylonisches Sprachsyndrom, wie es für den Zusammenhalt des römischen Vielvölkerstaates nur gewünscht werden konnte. Modellhaft zumindest, prototypisch

---

7. Apostelgeschichte 2, 1-13.
8. Genesis 11,9.

im Kleinformat vorweggenommen, ging in Erfüllung, was die Engel verheißen
hatten: der ökumenische "Friede auf Erden". "Das Heil kommt von den
Juden", um hinauszugehen in alle Lande, koextensiv mit dem kaiserlichen
Weltzensus am Anfang des Evangeliums. "Aber die Stunde kommt und ist jetzt
da, wo die wahren Anbeter den Vater im Geist und in der Wahrheit anbeten
werden".[9]

Nun gehören zu rauschenden Festen immer auch Zaungäste, die sich selbst
durch Skepsis vom Integrationserlebnis ausschließen. Sie haben in Jerusalem
nicht fehlen dürfen: "Andere aber spotteten und sagten: Sie sind voll des süßen
Weines!" Auch das ist ein geheimes Zitat, nur ein hellenistisches, kein alttesta-
mentlich-jüdisches. Lukas ruft den unter Griechen bekannten Topos *"heilige
Trunkenheit"* ab. Ihm zufolge könnte die Inspiration der Musen auch toxikolo-
gischer Natur sein. Es ist der Wein, der Sterblichen die Zunge löst, mythenhafte
Dinge zu sagen, die ihnen in nüchterner Alltagsvernunft unerreichbar blieben.

In welcher Sprache dies gesagt worden ist, muß erst noch erforscht werden.
Fest steht nur, daß Petrus sie gekannt haben muß. Der nämlich – so erzählt
Lukas anschließend – hat den Entmythologisierungsverdacht zum Anlaß
genommen, die Zweideutigkeit aus der Welt zu schaffen. Nicht ohne den
Musenskeptikern auf seine Weise Respekt zu zollen: "Ihr jüdischen Männer
und alle, die ihr Jerusalem bewohnt, das sei euch kund und höret meine
Worte! Diese sind nicht, wie ihr annehmt, betrunken – es ist ja erst die dritte
Stunde des Tages ..." Am Abend, wenn man sich zur Feier des Tages mit dem
Schlummertrunk für die Nacht rüstet, möchte es angehen, aber nicht am
prosaischen Vormittag.

> "Denn nicht sind diese, wie ihr annehmt, betrunken – es ist ja (erst) die
> dritte Stunde des Tages –, sondern hier erfüllt sich, was durch den Prophe-
> ten Joel gesprochen worden ist: Und es wird geschehen in den letzten
> Tagen – spricht Gott – da werde ich ausgießen von meinem Geist über
> alles Fleisch, und eure Söhne und eure Töchter werden weissagen, und eure
> Jünglinge werden Gesichte sehen, und eure Greise werden Träume träumen.
> Ja, auch über meine Knechte und über meine Mägde werde ich in jenen
> Tagen von meinem Geist ausgießen, und sie werden weissagen."[10]

Statt das Phänomen alkoholistisch zu reduzieren, wählt Petrus den typolo-
gischen Schriftbeweis, der auf Vergangenheitsgestalten rekurriert, um die
Gegenwart als deren Erfüllung zu deuten. "Diese sind nicht betrunken, sondern

---

9. Johannes 4,22f.
10. Apostelgeschichte 2, 15-18.

hier erfüllt sich ..." – erfüllt sich, was wir den skriptologischen Geist des Urchristentums genannt haben (S. 79ff).

Zur Begründung der Methode wird auf den ersten Band des Doppelwerks verwiesen. Lukas legt Petrus ein Selbstzitat seines Evangeliums in den Mund – post Christum skriptum:

"Ihr israelischen Männer, höret diese Worte: Jesus der Nazoräer, einen Mann, der von Gott vor euch beglaubigt worden ist durch machtvolle Taten und Wunder und Zeichen, die Gott durch ihn in eurer Mitte getan hat, wie ihr selbst wißt, diesen, der nach Gottes festgesetztem Ratschluss und Vorsatz dahingegeben worden war, habt ihr durch die Hand der Gesetzlosen (ans Kreuz) annageln und töten lassen. ... Diesen Jesus hat Gott auferweckt, wofür wir alle Zeugen sind".[11]

3 Biblisch lesen. Die Schlußouvertüre

Zu den historischen Wunschbildern des Protestantismus zählt die Zentralstellung der Bibel in der Reformation: Luther versammelte die Seinen um den Tisch, legte die Heilige Schrift darauf und machte deren gemeinschaftliche Auslegung zum Quellgrund der Kirchenerneuerung.

So möchte es gewesen sein. Ganz so war es aber nicht. Sola scriptura hieß für den Reformator: allein durch den Glauben an die Gerechtsprechung um Christi willen, Römerbrief 1,17: "Die Gerechtigkeit Gottes wird offenbart aus Glauben zum Glauben, wie geschrieben steht: 'Der aus Glauben Gerechte wird leben!'". Diesen Satz hat Luther zum selektiven "Kanon im Kanon" gemacht und daraufhin der Bibel entnommen, was ihm dienlich schien. Geschichtlich hat er weniger durch seine Rechtfertigungstheologie als durch die "Biblia deutsch" und die Katechismen (Kleiner und Großer Katechismus) gewirkt. "Im Unterschied zur humanistischen Schultradition, welche von Erasmus über Melanchthon auch in die lutherischen Kirchen eindrang, aber auch zur konfessionalistischen Verhärtung bietet Luther noch keine kurzgefaßte Dogmatik, nicht einmal einen volkstümlich gehaltenen Abriß der gesamten Glaubens- und Sittenlehre, vielmehr konzentriert er sich höchst bewußt auf das zum Leben wie zum Sterben Notwendige, gleichsam auf die eiserne Ration".[12]

Zu kursorischer Bibellektüre im Ganzen ist es erst später gekommen, nach dem Dreißigjährigen Krieg, als der Pietismus aus dem Parteienstreit der Konfessions-

---

11. Apostelgeschichte 2, 22f. 32.
12. A. Peters: Kommentar zu Luthers Kathechismen, Bd I, Göttingen 1990, S. 18.

dogmatiker auswanderte und die Lutherbibel zum Medium frommer Herzens-
bildung machte: der Homo religiosus als lutherdeutscher Homo legens, ein aus
dem "Buch des Lebens" wiedergeborener Christenmensch, das heilige Original
vor Augen.

> "Ich verwerffe die haltende Predigten durchauß nicht / da auß einem
> gewissen vorgelegten Text und desser erklärung die Christliche Gemeinde
> unterrichtet werde / als der ich selbs dergleichen vortrage und verrichte.
> Aber ich finde nicht / daß dieses genug sey. Wissen wir daß alle Schrift von
> Gott eingegeben seye nutz zur lehr / zur straff / zur besserung / zur züchti-
> gung in der gerechtigkeit. Daher auch alle Schrift ohne außnahm der
> Gemeinde bekandt solte seyn / wollen wir anders allen den nöthigen nutzen
> erhalten. ...
> Dahero noch zu gedencken stehet / ob nicht der Kirchen wol gerathen wäre
> / wann nebens den gewöhnlichen Predigten über die verordnete Text noch
> auff andere weiß die leute weiter in die Schrift geführet würden: Mit
> fleissiger lesung der H. Schrift selbs / sonderlich aber deß N. Testaments.
> Das ist je nicht schwer / daß jeglicher Hausvatter seine Bibel oder auffs
> wenigste das Neue Testament bey handen habe / und täglich etwas in
> solchem lese / oder wo er je deß lesens unerfahren / ihm von andern lesen
> lasse."[13]

Auf den Pietismus geht die Institution des "Bibelkreises" zurück. Der Begriff
ruft primär die Sitzordnung von Schriftlesern um den runden Tisch vor Augen.
Man kann den Ausdruck aber auch auf die Bibel selbst anwenden, um damit
deren Rotationsprinzip zu bezeichnen. Sie beginnt mit dem Universalbild von
Himmel und Erde, perfekt erstellt in sieben Tagen: das opus magnum des
Allmächtigen, verliert sich dann aber in ein von Adam und Eva ausgelöstes
Epos der Freuden und Leiden, Höhen und Tiefen, Irrungen und Wirrungen
des Menschengeschlechts, so breit ausladend, daß fast der rote Faden abhanden
kommt und verdichtet sich erst am Ende zur Einheit der Vita eines Indivi-
duums zwischen Geburt und Tod, Krippe und Kreuz.

Quantitativ betrachtet, verläuft der Kurs von der Vielheit zur Einheit und
zurück von der Einheit zur Alleinheit des Finales. Im ersten Band, dem Alten
Testament, denke ich an den Weg aus der Weite in die Enge, von der Schöpfung zur Geschichte, vom Universum ins Patriarchenzelt. Ich denke an Abraham, der mit Gott darüber feilschte, wieviel Gerechte wohl nötig seien, Sodom
und Gomorrha vor dem Verderben zu bewahren: 50, 40, 30?

---

13. Ph. J. Spener: Pia desideria, hg. K. Aland, Berlin ³1964, S. 54.

"Er sprach: Ach, ich habe mich unterfangen, mit meinem Herrn zu reden;
vielleicht sind nur zwanzig darin zu finden. Er sprach: Ich will sie nicht
verderben, um der zwanzig willen. Er sprach: Mein Herr zürne nicht, wenn
ich noch diesmal rede. Vielleicht sind nur zehn darin zu finden. Er sprach:
Ich will sie nicht verderben, um der zehn willen. Dann ging der Herr
hinweg, als er mit Abraham zu Ende geredet hatte. Abraham aber kehrte
zurück an seinen Ort".[14]

Den verbleibenden Sprung vom Dezimal zum Singular hat jener eine Gottesknecht vollzogen, der aller Welt Leiden auf sich nimmt:

"Wahrlich, unsre Krankheiten hat er getragen und unsre Schmerzen auf sich
geladen; wir aber wähnten, er sei gestraft, von Gott geschlagen und geplagt.
Und er war doch durchbohrt um unsrer Sünden, zerschlagen um unsrer
Verschuldungen willen; die Strafe lag auf ihm zu unsrem Heil, und durch
seine Wunden sind wir genesen".[15]

Der Umschlag zur rückläufigen Verallgemeinerung des Einzigen erfolgt über
den neutestamentlichen Wechsel von der Er- zur Ichform. Ist doch das Prono-
men der ersten Person singular jenes Urwort, in dem alle auf eigene Weise
zusammenfinden. Israel hatte es dem monotheistischen "ICH bin, der ICH
bin" vom Sinai vorbehalten, während es durch Christus allen Gotteskindern
übereignet wird: Ich, der "am Anfang bei Gott" war, bin das Licht der Welt,
das Leben, das Brot, der Wein, der Weg, die Wahrheit, bin ES schlechthin, der
Inbegriff gottebenbildlicher Realität. Und ihr sollt dem nachfolgen, um zu
werden, was geschrieben steht: Götter.[16]

Das Gegenstück zur Schöpfungsgeschichte am Anfang ist die auf Patmos in der
Ägäis niedergeschriebene "Offenbarung des Johannes" am Ende der Bibel, auch
"Apokalypse" genannt, weil enthüllt wird, was den Gesamttext einheitlich
lesbar macht. Sie ist eine Art Schlußouvertüre über die Bedingung der Möglichkeit biblischen Lesens in Gänze. Johannes schildert eine Vision, die aus drei
Schriftbildern des Alten Testaments zusammengesetzt ist. Erstens die Szene des
himmlischen Thronsaals, in dem Gott Platz nimmt, seine Herrschaft aus-
zuüben; zweitens das Bild des Menschensohnes aus dem Danielbuch, verklärt
vom Licht der Ewigkeit: "Ich bin der Erste und der Letzte"[17]; drittens das
Opfer –, das Passahlamm, zur Erinnerung an den Gottesknecht von Jesaja 53

---

14. Genesis 18, 31-33.
15. Jesaja 53, 4f.
16. Johannes 1,1. 8,12. 14,6. 8,28. 10,34.
17. Offenbarung 1,17.

und die nächtliche Herausführung aus Ägypten. Kombiniert werden sie in der Dramatik siebenfacher Verschlossenheit: Der Allmächtige hält in seiner Rechten eine Schriftrolle, die keiner entsiegeln kann, auch er selbst nicht. Ohnmacht der Allmacht: Gott ist Autor eines Weltbuches, das er selbst nicht öffnen und lesen kann. Was panischen Schrecken in der Kreatur erzeugt, bis das Opferlamm zum "Löwen von Juda" wird, dem Allmächtig-Ohnmächtigen sein Konvolut aus der Hand nimmt und es Siegel für Siegel erbricht.

"Und ich sah in der Rechten dessen, der auf dem Throne saß, ein Buch, innen und auf der Rückseite beschrieben, mit sieben Siegeln versiegelt. Und ich sah einen starken Engel, der verkündete mit lauter Stimme: Wer ist würdig, das Buch zu öffnen und seine Siegel zu lösen. Und niemand im Himmel und auf Erden und unter der Erde vermochte das Buch zu öffnen noch hineinzublicken. Und ich weinte sehr, daß niemand würdig erfunden wurde, das Buch zu öffnen noch hineinzublicken. Und einer von den Aeltesten sagte zu mir: Weine nicht! Siehe, überwunden hat der Löwe aus dem Stamm Juda, der Wurzelsproß Davids, und kann das Buch und seine sieben Siegel öffnen. Und ich sah mitten zwischen dem Thron und den vier Wesen und den Aeltesten ein Lamm stehen wie geschlachtet, mit sieben Hörnern und sieben Augen, welche die sieben Geister Gottes bedeuten, die ausgesandt sind auf die ganze Erde. Und es kam und nahm (das Buch) aus der Rechten dessen, der auf dem Throne saß. Und als es das Buch genommen hatte, warfen sich die vier Wesen und die 24 Aeltesten vor dem Lamm nieder, und sie hatten jeder eine Harfe und goldene Schalen voll Räucherwerk, das die Gebete der Heiligen bedeutet. Und sie sangen ein neues Lied: 'Würdig bist du, das Buch zu nehmen und seine Siegel zu öffnen; denn du bist geschlachtet worden und hast für Gott durch dein Blut (Menschen) erkauft aus allen Stämmen und Sprachen und Völkern und Nationen, und hast sie für unsern Gott zu einem Königreich und zu Priestern gemacht, und sie werden herrschen auf Erden'".[18]

Während Johannes der Täufer den Geist vom Himmel auf Christus herabschweben sah – "Siehe, das Lamm Gottes, das die Sünde der Welt hinwegträgt"[19], – geht der Blick von Johannes dem Apokalyptiker aufwärts zum himmlischen Lektor: Himmel als Buch, Buch als Himmel. "Offenbarung Jesu Christi", das "Wort des Leben" (logos tes zoes) im "Buch des Lebens" (biblion tes zoes) manifest.[20] Was ich einleitend mit der Unterscheidung von Buch- und Schriftreligion bezeichnet habe (S. 10f), ist hier visionär ins Bild gesetzt

---

18. Offenbarung 5,1-10.
19. Johannes 1,29.
20. Offenbarung 1,1. 1. Johannesbrief 1,1. Offenbarung 20,12.

worden: ein perfektes, aus der Hand des Allmächtigen hervorgegangenes Konvolut, das vollkommen in sich selbst ruht. Nichts fehlt ihm – nichts anderes, als eine Eröffnung, die die tödlich introvertierten Buchstaben in die Resurrektion des lebendigen Geistes verwandelt. Buchhimmel – Buchhölle. Diese Ouvertüre wird Christus zugeschrieben, dem mit den Zitatfarben von Mose und den Propheten gemalten Messias Israels. Er löst das Buchrätsel, er erlöst davon durch Offenbaren der Schrift. Und er tut es siebenfach, um auch den Allerheiligsten erlösen zu können von der Selbstbefangenheit, in die er sich mit der Weltautorschaft von Genesis 1 begeben hat. Sieben ist die heilige, die sakrale, die göttliche Zahl. So steht "Patmos" seit biblischen Zeiten für die Vision einer Schrifttheologie, die selbst vor dem Thronbild himmlischer Omnipotenz nicht Halt macht. Das hat dem Namen Patmos eine "Maria" vergleichbare Bedeutung in der Lesekultur des Christentums verliehen.

"Nah ist
Und schwer zu fassen der Gott.
Wo aber Gefahr ist, wächst
Das Rettende auch.
Im Finstern wohnen
Die Adler ...
Wir haben gedienet der Mutter Erd
Und haben jüngst dem Sonnenlichte gedient,
Unwissend, der Vater aber liebt,
Der über allem waltet,
Am meisten, daß gepflegt werde
Der feste Buchstab, und Bestehendes gut
Gedeutet. Dem folgt deutscher Gesang."[21]

Als dogmensprachliches Äquivalent für "Schlußouvertüre" steht "apokatastasis panton": Wiederbringung aller Dinge, aller seit der Schöpfung von Himmel und Erde beschriebenen Dinge, muß hinzugefügt werden. Der Seher von Patmos rekapituliert die Lesewelt im Inbild eines Schöpfungsmittlers, der sich dem Leser ichhaft zuspricht: "Ich bin das A und O". "Ich sah einen neuen Himmel und eine neue Erde". "Selig der, welcher vorliest und die, welche hören die Worte der Weissagung und bewahren was in ihr geschrieben steht". So der Anfang. Der Schluß lautet:

"Ich bezeuge jedem, der die Worte der Weissagung dieses Buches hört: Wenn jemand zu ihnen (etwas) hinzufügt, wird Gott ihm die Plagen zufügen, die in diesem Buch beschrieben sind. Und wenn jemand (etwas)

---

21. Anfang und Ende von Hölderlins Patmos-Hymne.

hinwegnimmt von den Worten des Buches dieser Weissagung, wird Gott seinen Anteil an den Bäumen des Lebens und an der heiligen Stadt hinwegnehmen, die in diesem Buche beschrieben sind".[22]

Anders das Schlußwort des Johannesevangeliums: "Das ist der Jünger, der dies alles bezeugt und aufgeschrieben hat, und wir wissen, sein Zeugnis ist wahr. Es gibt aber noch vieles andere, was Jesus getan hat, und wenn eins nach dem enderen vollständig aufgeschrieben würde, glaube ich, die ganze Welt könnte die Bücher nicht fassen, die geschrieben werden müßten."[23] Die urkundliche Dokumentation des Glaubens schließt die Unermeßlichkeit seiner Inhalte nicht aus, so daß der Kosmos zur berstenden Universalbibliothek werden kann, ohne damit die Endgültigkeit des "Quod scripsi, scripsi" (S. 25) zu widerrufen.

4 Das dritte Reich. Weiterbildung des Menschengeschlechts

Die pfingstliche Schlußouvertüre erlaubt es, von der Bibel als Fest-Schrift des Menschengeschlechts zu sprechen – das Wort in dreifacher Bedeutung gehört.

Erstens der Aktionssinn von fest als festigen oder fixieren, was die Grundfunktion des Buchens ausmacht. Schreiben legt Gesagtes fest, daß es steht: geschrieben, gemalt, gesetzt, gehärtet, gepreßt, gedruckt – unwiderruflich. Selbst der Autor kann dem nichts mehr anhaben. Bücher weichen allenfalls dem Feuer. Ansonsten kann man sie attackieren, kritisieren, sezieren und reduzieren nach Belieben, ohne daß sie sich davon beeindrucken ließen. Die Schrift ist die Festung des Geistes.

Zweitens fest im Sinn von dicht. Schriften sind Dichtungen, die die Endlosigkeit des Redens über Reden über Reden auf kleinstem Raum kodieren. Ihre Materialität bannt das Maximum ins Minimum, bis dahin, daß man das Format in die Tasche stecken und mit sich nehmen kann. Fest, fester, am festesten.

Und drittens schließlich fest als Fest: Schrift als Festivalisierung des Daseins. Weltfragen, Philosophenfragen, Kinderfragen, die unablässig gestellt und nie beantwortet werden, muß man feiern. Die Bibel beschreibt in philosophisch-kindlicher Naivität die Völkerwelt als Großfamilie, stattet sie mit einem bis zu Adam und Eva zurückreichenden Stammbaum aus, weist ihr die Erde als Heimstatt an und ruft sie eschatologisch zusammen unter dem Obdach des

---

22. Offenbarung 22,18f.
23. Johannes 21,24f.

Zeltes: "Siehe da, das Zelt Gottes bei den Menschen".[24] Ein Buchzelt über dem Kopf also, damit es nicht reinschneit aus der Eiswüste des Universums.

* * *

Weil Papier geduldig und – verglichen mit den kurzatmigen Stimmen – von fast unerschöpflicher Langmut ist, kann es dem Geist als ewigkeitsnahes Asyl nach wie vor empfohlen werden, besonders in Zeiten apokalyptischer Drangsal. "Ich sah einen anderen Engel, der das ewige Evangelium an die Bewohner der Erde, an alle Nationen und Stämme und Sprachen und Völker zu verkünden hatte".[25]

In dieser Version des Evangelium aeternum weist der antike Kanon am deutlichsten über seine eigenen Grenzen hinaus. Die Franziskaner des Mittelalters, die sich als Vorboten des johanneischen Christentums jenseits der Papstkirche (Nachfolge Petri in Rom) verstanden, haben von daher ihre Theologie der ecclesia spiritualis entwickelt, gleichbedeutend mit dem "dritten, tausend-jährigen Reich", das aus Vater und Sohn hervorgehen soll (ex patre filioque procedit), um die Heilsgeschichte in Freiheit, Gleichheit und Brüderlichkeit aller zu vollenden, ohne die Hierarchie von Klerus und Laien. Sie haben damit die Idee der progressiven Bildungsreligion inspiriert, die zu einem machtvollen Hintergrundmotiv der modernen Intellektualgeschichte werden sollte.

"Sie wird gewiß kommen, die Zeit eines neuen ewigen Evangeliums, die uns selbst in den Elementarbüchern des Neuen Bundes versprochen wird. Vielleicht, daß selbst gewisse Schwärmer des dreizehnten und vierzehnten Jahrhunderts einen Strahl dieses neuen ewigen Evangeliums aufgefangen hatten; und nur darin irren, daß sie den Ausbruch desselben so nahe verkündeten".[26]
"Der Philosoph muß ebensoviel ästhetische Kraft besitzen, als der Dichter. Die Menschen ohne ästhetischen Sinn sind unsere Buchstabenphilosophen. Man kann in nichts geistreich sein, selbst über Geschichte kann man nicht geistreich räsonieren – ohne ästhetischen Sinn ... Die Poesie wird am Ende wieder, was sie am Anfang war – *Lehrerin der Menschheit* ... Ein höherer Geist, vom Himmel gesandt, muß diese neue Religion unter uns stiften, sie wird das letzte größte Werk der Menschheit sein".[27] "Wann oder wann

---

24. Offenbarung 21,3.
25. Offenbarung 14,6.
26. G. E. Lessing: Die Erziehung des Menschengeschlechts §§ 86. 87.
27. Aus dem "Ältesten Systemprogramm des deutschen Idealismus".

eher? Darnach ist nicht zu fragen ...; bis dahin seid heiter und mutig".[28]
"Man spricht und erzählt seit etwa hundert Jahren von der Allmacht des
Wortes der Schrift. Im Vergleich mit dem, was da ist und was geschieht,
scheint mir das nur ein mißlungener Scherz zu sein. Ich bin aber gesonnen,
Ernst daraus zu machen". "Als Bibel wird das neue ewige Evangelium
erscheinen, von dem Lessing geweissagt hat: aber nicht als einzelnes Buch
im gewöhnlichen Sinne. Selbst was wir Bibel nennen ist ja ein System von
Büchern. Übrigens ist das kein willkürlicher Sprachgebrauch! Oder gibt es
ein andres Wort, um die Idee eines unendlichen Buches von der gemeinen
zu unterscheiden als Bibel, Buch schlechthin, absolutes Buch?" "Der
Buchstab ist der echte Zauberstab".[29]

Zitate wie diese stehen einem Buch über das "Buch der Bücher" wohl an. Sie
gehören zur Erbschaft einer modernen Lesekultur, deren Vermächtnis selbst die
Postmoderne überleben wird. Sie gibt Menschen Göttliches zu verstehen und
macht Sterbliche anschlußfähig für das unendliche Ende der Ewigkeit. Ein
Buch, das zur selbstredenden Schrift wird, weil die zwischen Ur- und Endzeit
seiner Lektüre absolvierte Zeichenmasse zu vollendlicher Abschlußdichtung
zusammenschließt, ist wie ein Mund, der die Lippen nach dem Kuß versiegelt,
als ob nichts gewesen sei – nichts anderes, als die aus dunkler Körpermitte
empfangene Begeisterung, welche von den Liebesdienern der Musen und den
Aposteln des philosophischen Eros unter Namen wie Enthusiasmus, Glossolalie,
Divination, heiliger Wahn, Mysterium, Geheimnis, Epiphanie, Schweigen usw.
beschworen wird. Von transitorischen Studierzimmerbewohnern kann mehr
realistischerweise nicht erwartet werden. "Das Volk, das im Finstern wandelt
..." Den ausgebrannten Rest stellen sie auf die Bücherborde, wo er inspiziert
werden kann wie unsere Relikte im Leichenschauhaus. Wovon man nicht reden
kann, darüber soll man schreiben.

---

28. Novalis: Die Christenheit oder Europa, Schlußabschnitt.
29. Fr. Schlegel: Brief an Novalis vom 2.12.1798; Kritische Ausgabe, hg. v. E.
Behler, Bd. II, Paderborn 1967, S. 265.

XIII

Zwischen Kopierblitz und Götterfunken

Textlichkeit, Buchlichkeit, Schriftlichkeit

Die Fläche wird zwar durch Telefon, Telefax, Sprechanlage, PCs und andere Armaturen zusehends eingeengt, im Volksmund heißt sie aber nach wie vor "Schreibtisch" und an der Universität gilt sie weiterhin als Arbeitsplatz der sogenannten "Geisteswissenschaftler". Pflichtgemäß verbringen sie daran den Großteil ihrer Verweildauer auf Erden, um sich aus den kranzförmig herumliegenden Büchern zusammenzulesen, was auf dem zentralen Papier verschrieben werden soll: die Wahrheit von eigener Hand. Homo legens + homo scribens = "homme de lettres": Schreiben und Lesen ergibt den Buchmenschen, den Philologen. Woher nimmt man den Glauben, solch ein Leben noch für sinnvoll halten zu können? Bange Frage bei den obwaltenden Verhältnissen vor Ort.

Mein Arbeitsplatz ist südostwärts gekehrt, Helios entgegen, 80799 München, Schellingstraße 3, Vordergebäude, Sonnenseite, C4-privilegiert. Ob Mythologie oder Offenbarung, ich schaue ins Licht, das allmorgendlich hinter der Alpenkulisse emporsteigt, um ans bessere Ehedem zu erinnern. "Ex oriente lux". "Morgenglanz der Ewigkeit". "Es war einmal ...": Ägypten, Palästina, Griechenland, Italien, ewiges Mittelmeer. "Kennst du das Land": Arkadien, Paradies, Inseln der Seligen, alteuropäisch, "wo Milch und Honig fließt"? "Gruß dir, du Gruß von drüben, wo einst die Welt geschah" (Günter Eich).

So möchte es sein und so könnte es sein, wenn da nicht das Hinterhaus wäre, mir den Ausblick ins Freie zu verstellen – klotzige Nachkriegsarchitektur aus rechten Winkeln, Stahl, Glas und Beton, Beton, Beton. Darin hocken, in fünf Stockwerken übereinander geschichtet, die weniger privilegierten Zunftgenossen und tun, was ich auch tue: lesen, schreiben, reflektieren. Nur spiegelverkehrt in den Norden, die kalte, dunkle und verschlossene Himmelsgegend schauend. Besser: die Himmelsungegend, weil ohne nostalgische Erinnerungswerte, geopsychisch die reinste Nullität. Ich habe das hinter mir, im Rücken. Und der Abstand zu den Höhlenbewohnern da drüben ist zu groß, einander fixieren zu können. Glücklicherweise, sonst wäre man gezwungen, morgens und abends irgendwelche Signale über den ausbetonierten Campus wechseln zu müssen. Kein Gruß dem Gruß, kein Willkommen und kein Abschied.

Ersatzweise sprühen von drüben aus der Tiefe Funken empor, Blitzlichter, grelle Mini-Erleuchtungen in konstanter Folge, bis weit nach Sonnenuntergang. Sie entstammen den Kopierern, die dort im vollends düsteren Parterre vor den Instituten der Philologen stehen, um "Texte" zu produzieren – ein Wort, wie geschaffen für das Produkt. Man nehme die aus der Bibliothek entliehenen Bücher, breche ihnen das Rückgrat, um – kostensparend – beide Seiten auf die Glasfläche pressen zu können, werfe seine Münze in den Geldschlitz und drücke die Taste. Was nach dem Funkenschlag auf dem seitwärts ausgestoßenen Papier besichtigt werden kann, ist ein "Text". Die Abgehacktheit des Wortes schmerzt in den Ohren nicht weniger als der Kopierblitz in den Augen. Sie erinnert daran, daß gleich nach dem Kopierer der Reißwolf kommt.

"Texte" sind kupierte Literatur, Ausschnitte der Letternwelt ohne Anfang und Ende. Ihre Buchstabenfolge zeigt zwar eine gewisse Kohärenz, wer sie aber lesend verstehen will, wird wegverwiesen ans Davor und Danach. Beide fehlen und beide sind grenzenlos offen, da Kopfzeile und Schlußpunkt amputiert wurden. Mit jeder Lektüre des Ausschnitts schiebt sich der Horizont seiner möglichen Bedeutung weiter hinaus ins Unabsehbare. Die Textualisierung der Buchwelt erzeugt eine Expansionsdynamik, die mit dem All der Physiker das Schicksal der Grenzenlosigkeit teilt. Sollte der Kupierer ans internationale Bildschirmsystem angeschlossen sein, liefert er heute schon Glieder der globalen Selbstvernetzung des Menschengeschlechts an die Hand. Knopfdruck genügt. Reclam, der Kopernikus unter den Verlegern, nannte das Projekt "Universalbibliothek". Die EDV schickt sich an, seine Utopie auf ihre Weise zu realisieren: Weltoffenheit, Zukunftsoffenheit, Seinsoffenheit, Textoffenheit ad infinitum.

Die laufende Elektronisierung der Bibliotheksbestände ist so ambivalent wie bislang alle Fortschritte der Kulturtechnologie gewesen sind. Sie kann zwar die Raumnot der Institute lindern, muß aber mit einem Verlust an leibhaft geschlossenem Sinnvolumen bezahlt werden. Anders als flächige Textstücke sind Bücher ein "Textkorpus", eine kompakte, undurchschaubare und mehr oder minder runde Sache, wie wir selbst es sind, ihre Leser. Deshalb werden Bücher zwar geöffnet, müssen aber abschließbar sein, um sich in ihren Inhalt "verkriechen" zu können wie Kinder und Liebhaber unter die Bettdecke. Sinnenfällig wird das an den mit Schutzumschlägen bewehrten Leinendeckeln vorne und hinten, und an einer Ligatur im Rücken, die so flexibel ist, daß sie bei Bedarf jeden Einblick rückgängig machen kann. Als ob nichts gewesen sei! Wie's da drinnen aussieht, geht niemand was an. Diskretion! Kein Blitzlicht! Keine Öffentlichkeit! Das Geheimnis ist groß. Es wird sich allenfalls privatissime offenbaren, den Vertrauten im Winkel. Und wenn selbst die den Generalschlüssel für alle Seiten nicht finden sollten, so lehrt Erfahrung, daß Verborgenheit den Reiz eines Gegenstandes eher mehrt als mindert. Die Philologie muß darunter nicht leiden. Bücher reden für sich selbst und schweigen für sich selbst. Bei entsprechender Prachtausstattung fällt es ihnen auch leicht, etwas vom Tabucharakter eines antiken Sakralkodex spüren zu lassen. Berühren verboten! Siegel würden die Selbstverborgenheit der Materie am besten zum Ausdruck bringen. Es müßten ja nicht gleich sieben an der Zahl sein, wie beim apokalyptischen Himmelsbuch, das Johannes weiland auf Patmos erschaute.

Kombiniert man die Endlosigkeit des Textes mit der geschlossenen Buchform, kommt als Drittes – "Aller Guten Dinge sind drei" die "Schrift" ins Spiel. Textlichkeit des Textes + Buchlichkeit des Buches = Schriftlichkeit der Schrift, Skriptur. Schrift heißt Schreiben: Aufschreiben, Niederschreiben, Vorschreiben, Nachschreiben, Einschreiben, Umschreiben, Zuschreiben, Abschreiben, Überschreiben, Unterschreiben usw. Aber das in gefestigter Form, denn es steht, steht fest, steht geschrieben. "Quod scripsi scripsi": Was ich geschrieben habe, habe ich geschrieben, verwies Pilatus die Schriftgelehrten. Ob Festschrift oder Schriftfest, Schriftlichkeit als solche steht für den Fixismus des Schwarz auf Weiß. Urkundlich und endgültig, endgültig und urkundlich zugleich ruht sie in sich selbst, rundum geschlossen, daß ihr nichts genommen und nichts hinzugefügt werden kann.

Hier spätestens, beim Zitieren der Kanonsformel mittelmeerischen Ursprungs ("nichts hinzufügen – nichts wegnehmen") wird es drüben funken:

– Ach ja, die Theologen! Beinahe schon vergessen: Das große alte Buch, die Heilige Schrift, das Buch der Bücher, die Bibel im Singular, als ob sie ein Unikum sei, konkurrenzlos der Konkurrenz auf den Regalen überlegen, absolut unkopierbar. "Sola scriptura". Es darf gelacht werden.

– Wie bitte?
– Nr. 125, "Fröhliche Wissenschaft", Nietzsche.
– ...
– Was, kennen Sie nicht? Kopiere ich Ihnen gleich. Trauer, schöner Götterfunke. Er ist tot, der Glaube an die Heilige Schrift, die Heiligkeit der Schrift und die von ihr verbürgte Lesbarkeit der Welt. Ende des Buch-, Anfang des Textzeitalters.

In der Tat, die Lage ist ernst. Ernster noch als ein Blick ins Vorlesungsverzeichnis der Ludwig-Maximilians-Universität vermuten läßt. Die Numerierung der Fakultäten beginnt mit "01 Katholische Fakultät", "02 Evangelische Fakultät". Was zwar der alpennahen Pietät gegenüber tradierten Hierarchien entspricht, deren Parodierung aber zum Verwechseln ähnlich sieht, bedenkt man, daß 01 und 02 gleich nach 00 kommen. Theologie – die privilegierten Nullnummern der LMU. Man hat mir auf der Verwaltung gesagt, die Computerisierbarkeit sei dafür verantwortlich. Mag sein.

Ich weiß mir denn auch zur Rettung des Schriftprinzips keine andere Hilfe, als die Zuflucht beim Wort: "hommes de lettres" alias "Philologen", Sprachliebhaber, ein Menschentyp also, der vom erotischen Verhältnis zu den Objekten auf seinem Schreibtisch definiert wird. Er braucht handfeste Bücher, um nicht in platonisch-kopernikanische Fernen zu entschweben, braucht den Bedeutungsdruck geschlossener Formen, die zu irdischer Sammlung, Innerlichkeit und Diskretion nötigen. So etwas wächst nicht unter freiem Himmel und weht nicht davon, wie flattrige Kopien. Den Geisteswissenschaftler dürfte die Rückkehr aus ihrer luftigen Textseligkeit erst noch bevorstehen. Zurück nicht ins Verbucht- aber ins Verschriebensein, in den Seinssinn des Homo legens, Homo scribens: der lesend schreibende, schreibend lesende Menschentyp. – Hier sitze ich, ich kann nicht anders, im goldenen Käfig der Skriptur, zwischen Kopierblitz und Götterfunken. "Litera necat – spiritus vivificat": der Buchstabe tötet, sein Geist macht lebendig (Paulus).

Aber nun sollte ich aufstehen, das Fenster zu schließen und die Jalousien herunterzulassen, damit man vom Reflex des ex oriente drüben nicht vollends geblendet wird. Was zu tun im übrigen auch der Selbstschutz verlangt. Denn Helios wird gleich hinter der Rückfront emporsteigen, daß sich seine Strahlen in den Sonnenkollektoren verfangen und mir blechern ins Gesicht stechen. Die Physiker von Fakultät 17 haben die Armaturen auf dem Flachdach der Philologen montiert. Zu Forschungszwecken, wie es heißt, damit uns beiderseits des Campus nicht alsbald das Leselicht ausgeht: Solarenergie. "Am farbigen Abglanz haben wir das Leben" (Goethe). "Und die Sonne Homers, siehe, sie lächelt auch uns" (Schiller).

Schluß: Ende des Buchzeitalters – Anfang des Schriftzeitalters

Was universitätstheologische Buchgelehrsamkeit bedeutet, zeigt ein Gang durch die Bibliothek der Alt- und Neutestamentler. Er führt vorbei an meterlangen Lexika, Kommentarreihen, Monographien und Zeitschriften, um in der Ausbaunische vor Computern zu enden, die weitere Wissensfluten aus fast aller Herren Länder abrufbar machen. Die massierte Kompetenz läßt Laien so kleinmütig werden, daß sie sich scheuen, den Zusammenhalt der Massen zu erfragen. Welchen Geistes ist diese Buchwelt?

Antwort darauf findet sich allenfalls in der "Biblischen Theologie": einer schmalen Abteilung, in der die Titel "Theologie des Alten Testament" und "Theologie des Neuen Testament" versammelt sind. Am Ende des Regals, wo es erbaulich zu werden anfängt, weil danach die Bibliothek der Dogmatiker beginnt, kommen einige Darstellungen gesamtbiblischen Inhalts dazu, von der Genesis bis zur Offenbarung, aber nur wenige an der Zahl. Das war es denn auch schon. Literatur zum Buchphänomen im allgemeinen, seiner Relevanz für die Religionsgeschichte im besonderen und speziell zur Rolle der Bibel im Abendland gibt es bei den Biblikern nicht.

Damit Besserung eintreten kann, sollte man ein Leerregal mit der Überschrift "Biblistik" einrichten. Parallel zu Information und Informatik, England und Anglistik, Physis und Physik könnte der Begriff für die Buchwissenschaft in allen Bedeutungsschattierungen des Wortes stehen: Bibel als Buch Gottes und Buch des Menschen, als Kanon der Kirchen wie der außerkirchlichen Christenheit, als Klassiker auf dem Gipfel der Weltliteratur, als Grundstudium für die Hermeneutik des Geistes, als Transzendental der Skripturalität und Prototyp einer Lesepoetik im Wechsel von Vergangenheits- und Zukunftsbildung.

Die Chancen, für eine derartige Skriptologie mehr als nur akademisches Interesse zu finden, stehen nicht schlecht. Kultur ist als eigenständige Formkraft der Gesellschaft ins Allgemeinbewußtsein zurückgekehrt. Kulturelle Identität wird aus religiösen Quellgründen gespeist. Und für das Langzeitgedächtnis okzidentaler Religionskultur sind nach wie vor die orientalischen Buchreligionen Judentum, Christentum und Islam maßgeblich. Das läßt nach dem Wert der religiösen Lesekultur für die geistige Physiognomie des Kontinents fragen. Hinzu kommt, daß die Prophetie einer religionslosen Zukunft östlicher oder westlicher Machart (Atheismus) kläglich versungen hat. Sie ist ins Regal für Nachkriegsmodernismus – Abteilung Fehlprognosen – eingestellt worden, um auf dem Schreibtisch Platz zu schaffen für postatheistische Neubewertungen des Phänomens. Die Religionsgeschichte geht weiter als gedacht. Sie schlägt ein neues Kapitel auf.

Fundamentalisten neigen dazu, die Verneinung der Verneinung (Kritik atheistischer Religionskritik) als Wiederbejahung vorkritischer Positionen in dogmatischer, organisatorischer und formalrechtlicher Hinsicht zu verstehen: Wir haben recht behalten, unfehlbar! Ich halte das für einen apologetischen Kurzschluß. Die Zeichen der Zeit deuten in eine andere Richtung. Nachdem die Ideologien Szientismus, Kapitalismus und Kommunismus verblaßt sind und die Institutionen Familie, Schule und Kirche zusehends an traditionsvermittelnder Bindekraft einbüßen, tritt vollends ins Bewußtsein, wie stark unsere Welt von der "Dialektik der Aufklärung" erfaßt worden ist, in Ost und West, Nord und Süd gleichermaßen. Die Nebenfolgen des wissenschaftlich-technologischen Industrialismus haben sie als "Lebenswelt" fraglich gemacht, wobei "Leben" für den Vitalsinn der Kreatur und "Welt" für den Dunstkreis der Erdatmosphäre steht. "In-der-Welt-Sein" (Martin Heidegger) als In-der-Lebenswelt-Sein, nicht In-der-Totenwelt-Sein? Was möchte das wohl heißen?

Alle Traditionen – auch die religiösen – stehen im Wirbel dieser Fraglichkeit, so daß mit ihrer Rezitation allein wenig auszurichten ist. Sie müssen ihre partikulare Erbschaft auf dem Forum der medial gespreizten Weltöffentlichkeit übersetzen in die Lebens-, die Welt-, die Lebensweltbedeutsamkeit der Gegenwart. "Verstehst du auch, was du liest?" (S. 98). Prinzipiell neu ist die Aufgabe nicht. Schon das "Weltparlament der Religionen" 1893 in Chicago hat es auf die Tagesordnung gesetzt. Heute, hundert Jahre danach, stellt es sich aber mit vermehrter Aktualität. "Die Zeit drängt",[1] drängt, das "Projekt Weltethos" voranzubringen: "Kein Weltfriede ohne Religionsfriede".[2]

Wer der Einsicht künftig mehr Erfolg wünscht, als bislang schon registrierbar ist, sollte sich des Mediums versichern, das schrittweise ans Nötige heranführen kann, um nicht vor der Überforderung zu resignieren: Das werden wir nie schaffen! Dieses Medium ist die Schriftkultur. Ob und wieweit auch elektronische Medien dafür taugen, bleibt abzuwarten, sollte aber nicht hindern,

---

1. C. F. v. Weizsäcker: Die Zeit drängt. Eine Weltversammlung der Christen für Gerechtigkeit, Frieden und die Bewahrung der Schöpfung, München / Wien ⁶1987.
2. Hans Küng: Projekt Weltethos, München u.a. 1990.

einen Kanon religiöser Weltliteratur ins Auge zu fassen. Die Zeit drängt, sich Gedanken über das Prozedere des Geistes ins dritte Jahrtausend post Christum natum zu machen. Wie soll es mit dem Sage und Schreibe nach 2000 weitergehen?

An der Bibel kann man ablesen, daß ein langer Atem vonnöten ist. Sie nimmt unter den "heiligen Schriften" insofern eine Sonderstellung ein, als zwei Weltreligionen darauf rekurrieren, das Judentum (Tenach) und das Christentum (Altes Testament). Bei der dritten abrahamitischen Buchreligion, dem Islam, ist das schon nicht mehr in gleicher Weise der Fall. Der Koran nimmt zwar Bezug auf Altes und Neues Testament, aber nur implizit, ohne daß ein Text entsteht, an dem die strittige Erfüllung oder Nichterfüllung der Schrift verhandelt werden könnte. Noch weniger trifft es für die asiatischen Hochreligionen (Hinduismus, Buddhismus, Taoismus, Shintoismus) zu. Sie sind zwar in unsere Alltagswelt eingezogen, wir haben aber kein auch nur halbwegs geklärtes Verhältnis dazu, weil Materialien für eine schrifthermeneutische, in die pädagogische Sozialisation eingelassene Verständigung noch gänzlich fehlen. Dieser Unverstand kann nicht ewig dauern.

Weil die Aufgabe generationsübergreifender Natur ist, fällt sie vor allem der Religionspädagogik zu. Lessings religiöse "Erziehung des Menschengeschlechts" (S. 129) dürfte insofern wegweisend bleiben. Nur möchte ich den Begriff Erziehung austauschen gegen den der Bildung: Weiterbildung des Menschengeschlechts in beiden Richtungen des Geistes, rückwärts und vorwärts zugleich. Das hieße, die diversen Ursprungsbilder der Religionen in ein gemeinsames Gedächtnis einzulagern, sie einem Buch der Bücher neuer Art anzuvertrauen, um über dessen Memorieren, Auslegen und Aneignen den Blick zu öffnen für die Biosphäre, die Lebenswelt, das Irdischsein als solidarische Plattform der Zukunft. "Ein neuer Himmel und eine neue Erde" (S. 127). Von Neuschöpfung kann ernsthaft ja nur die Rede sein, wenn auch etwas Kreatives unter die Feder kommt.

Die Alte Kirche hat das Gemeinte mit dem Begriff des Symbolischen avisiert und Christus als anthropomorphen Mittler des Symbolkosmos von "Himmel und Erde" (Gen 1,1) gelesen. Diese Idee habe ich mit den Denkmitteln von Phänomenologie und Hermeneutik nachstellen wollen, um das Schriftprinzip in eine prototypische Konfiguration von Humanität und Mundanität zu übersetzen. Üb' ersetzen! Humanismus als Mundanismus – Mundanismus als Humanismus. Warum nicht? Stirb und Werde, damit der in historische Lexika entflohene "Weltgeist" sich als Erdgeist reinkarnieren kann.

Es besteht Grund und Anlaß, das Skripturalprinzip attraktiver zu machen, als es derzeit ist. Die Universitätstheologie bemüht ihr Buch der Bücher, um

Belegstellen für die Dogmatik zu haben, um das absolute Selbstwort "ICH" zu allegorisieren, um mutmaßliche "Geschichtstatsachen" zu erschließen, um das individuelle Seelenleben zu bebildern, das kollektive Gewissen angesichts der Greuel der Gegenwart zu schärfen und um vieler anderer Zwecke willen. An seinem Platz ist das alles wohlberechtigt, nur kann man damit wenig Lust am Lesen um seiner selbst willen erzeugen. Das methodische Interesse erlischt, sobald die probaten Mittel gefunden sind und der Lektüregenuß, von dem der erste Psalm spricht, geht leer aus: "Wohl dem, der seine Lust hat am Gesetz des Herrn und sinnt darüber Tag und Nacht".

"Die Bibel ist zwar immer noch das meistgekaufte Buch, aber in unserem abendländischen Kulturkreis mag es nur wenige Menschen geben, die sozusagen aus Passion Bibelleser sind; Menschen also, die auf irgendeine Weise – es gibt ja so viele! – von diesem Buch fasziniert sind und die es auch nicht sehr stört, wenn sie beim Lesen einmal nicht ganz mitkommen. Nicht wenige Dichter und literarische Feinschmecker befinden sich wohl darunter".[3]

Nicht nur der Feinschmecker wegen plädiere ich dafür, die "metaphysische", aus dem Selbstwort des Absoluten allegorisierende, die "natürliche", mit der Gotthaltigkeit der Dinge werbende und die "historische", den Wandel früherer Glaubensweisen nacherzählende Theologie in eine "schriftliche" Theologie zu übersetzen, die das Bildungspotential des Buches der Bücher für das Weltbild des dritten Jahrtausends freisetzt. Eine mit skripturaler Vernunft bedachte Religion des Erdgeistes liegt im wohlverstandenen Eigeninteresse der Menschheit. Das vorliegende Büchlein ist dafür in propädeutischer Absicht geschrieben: Hausaufgaben, Schularbeiten, ABC.

---

3. G. von Rad: Vom Lesen des Alten Testaments, in: Das Buch der Bücher, Altes Testament, München [5]1992, S. 11.

Wer A sagt muß auch B sagen

A: "Ich liebe dich!"

B: "Ich werde Ihnen schreiben."